別為小事鬱悶 全集

把小事化為成就大事的墊腳石

Don't Worry about little things

喬治‧彭斯曾說：
如果事情不是你能控制的，
那就沒有必要發愁，
如果你還有辦法可想的話，
那麼還有什麼好愁的？

確實，一般人的苦惱、鬱悶，
往往來自於對某些小事患得患失，
卻不理智地採取相對應的措施。
老是為了無謂的瑣事氣不停，
老是為了可以解決的小事浪費時間，
這種日子未免活得太沒價值了。
如果你能冷靜理智地面對，
放寬自己胸懷，活用自己的大腦，
那麼，就不會再為那些無謂的小事鬱卒了。

凌越 編著

出版序　　　　　　　　　　　　　　　·凌　越

改變角度，就會找到更好的出路

人生其實很簡單，只是我們常常想得太複雜。只要換個念頭，腦袋轉個彎思考，就會發現生活智慧俯拾即是，幸福人生簡單就可以擁有。

詩人作家歌德曾經寫道：「能把自己生命的幸與不幸聯接起來的人，才是最幸福的人。」

確實，幸福的訣竅並不是在幸福中得到快樂，而是在不幸中發掘快樂，因為只有在不幸之中所發掘到的「快樂」，才是構成一個幸福人生的眞正元素。

想活得快樂，首先必須具備一些幽默感。幽默感會讓你從正面的角度解讀問題，也會讓你散發積極樂觀的能量。

幽默不只是一種交際手段，更是一種生活態度。

你的幽默會使別人發笑，也可以令別人放鬆心情；當然，在你自己身上也可以發揮同樣的效果，它是讓生活變得快活的最好良藥，而且只要適度運用，就可避免任何副作用。

美國老一輩的影星雷利已經鬢髮斑白，年紀老邁，身體也接二連三出了很多狀況，但他還是非常敬業樂群，活躍在電視圈中。

一次，他去參加一個節目錄影，步履蹣跚，小心翼翼地拄著拐杖，一步一步緩緩地走上台，然後吃力走到位置上坐下。

　　看到這樣一個風燭殘年的老人，讓人很自然聯想到病痛與死亡，就連一旁的觀眾也不禁為雷利的身體擔心。於是，主持人關心地問道：「你經常去看醫生嗎？」

　　雷利很快接口說：「是的，我常去看。」

　　「為什麼要看醫生呢？」

　　「病人一定要常去看醫生，這樣，醫生才能活得下去。」

　　雷利從容不迫地回答，話才說完，台下立即爆出熱烈的掌聲，老人的樂觀和機智深深感染了觀眾。

　　主持人接著問：「那麼，你一定也常去藥房買藥了。」

　　「是的，我常去。沒辦法，藥房老闆也要活下去。」

　　台下又是一陣掌聲，甚至有人吹起口哨來。

　　「你常吃藥嗎？」主持人又問。

　　「不，我通常都會把藥扔掉，因為我也要活下去。」

　　台下的掌聲更激烈了，主持人見到觀眾興致勃勃，繼續問他說：「尊夫人近來可好？」

　　雷利把手一攤：「還是那一個，沒換。」

　　台下哄堂大笑，簡直不敢相信這一連串幽默的對話，是出自一個年邁又虛弱的老人口中。

　　英國作家哥爾斯密曾經這麼說：「最大的幸福在於我們懂不懂用另外一個角度去看不幸。」

　　在人生的過程中，如果我們懂得換個角度，知道退一步去看不幸，那麼你就會恍然發現那些原來被我們認為的「不幸」，往往就會在「退一步」的情況下變成「幸福」。

　　誰都討厭跟成天愁眉苦臉、哀聲嘆氣的「衰尾道人」相處，

你應該不會希望自己是別人眼中的討厭鬼吧！

當你感冒生病時，如果一直記得「感冒」這件事，你只會感到更不舒服，因為你把所有的精神都放在這件事上面，除了生病的痛苦，你根本感受不到其他美好的事物。

如果你把這件事看得更嚴重一點，逢人便訴說你的病況，在別人的眼中，你是一個不折不扣的病人；他會同情你、憐憫你，但不會看重你，誰敢倚賴一個病人的辦事效率呢？

你的病可以無限擴大，也可以盡可能縮小。

身體上的痛苦並不能阻礙你心靈的快樂，快樂和痛苦都是自找的；你想要什麼，你就真的會得到什麼。

人生其實很簡單，只是我們常常想得太複雜，才會經常為了那些小事鬱悶。

我們們企盼的成功與幸福，往往就在隱藏許多生活的枝微末節裡，只要換個念頭，腦袋轉個彎思考，就會發現生活智慧俯拾即是，幸福人生簡單就可以擁有。

CONTENTS

PART 3
有好心情，才能談好事情

當吵架已非「頭腦與心靈的溝通」，
而變成「唇槍舌劍」的交鋒時，
這樣的爭吵，就只剩下「逞口舌之快」的互相傷害了。

PART 4
別讓不如意干擾情緒

當天不從人願的情形發生時，
就不應該把這種情形稱作失敗，
只有當自己放棄的時候，才叫做真正的失敗。

CONTENTS

PART 5
沈得住氣，才能挑對時機

沒有經過時間考驗，
再怎麼精明能幹的人也可能會看走眼；
只有平心靜氣地等待，才能日久見人心；
只有經過光陰歲月的沉澱，
才能過濾掉殘渣，留下精華。

PART 6
何苦把往事扛在肩膀上？

何必把往事扛在肩上不放呢？
老是想著昨天，你只會失去今天。
重要的不是你曾經做過什麼，而是你未來該怎麼做。

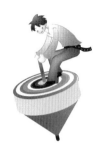

PART 7
意志力才是成功的關鍵

世上沒有無風無浪的旅程，
也沒有不曾受過傷的船。
命運畢竟還是公平的，
最重要的決定權在於人的意志。

PART 8
賭氣只會和自己過不去

趕走你機會的，通常都是你自己的個性，
都是為了你的一口氣。
一時任性要付出的代價，
或許是你一生的機運。

C ONTENTS

PART 11
尋找自己的「第二個生日」

逝去的已經無法挽回，
但是，你卻可以改變自己的未來；
有什麼事情會比敞開心胸，
輕鬆迎接未來更重要的呢？

PART 12
勇敢付出，人生才會愉快

或許愛一個人會有心痛，會有擔憂掛懷，
但也只有透過愛，
才能讓我們與他人建立起緊密的聯繫。

C ONTENTS

PART 13
用心就能改變自己

只要肯用心，「記性不好」就不會是阻撓自己的藉口。
端看你願不願意花心力找出解決的方法，如此而已。

PART1

自己的命運，
必須自己負責

我們必須對生命充滿敬意，

必須對自己的命運負責。

因為生命之鑰就握在自己手上，

好壞最後還是只有自己才能決定！

成功還是要靠努力

說穿了，成功者也是人，不是神，他們的命運
更不是「上天註定」，一切成功與失敗，還是
得看當事者究竟付出多少努力。

魯迅曾經說：「哪裡有天才？我是把喝咖啡的功夫都用在工作上了。」

的確，天才並不是只要在家裡坐著就能夠事事順遂、平步青雲，而成功者也並非「天生註定」的。他們一樣都是人，有血有肉、有各種情緒，也有高低起伏的境遇。

這是一位少年的有趣經歷：

六歲時，一位非洲的主教跟他一塊玩了一下午的球，他覺得從來沒有一位大人對他這麼好過，因此認為黑人是最優秀的人種。

八歲那年，他有了一個新嗜好，喜歡問父親的朋友有多少財產，大部分人都被他嚇了一跳，只好昏頭昏腦地告訴他。

上小學時，他常常花一整天時間偷看大姐的情書，從來沒有被發覺。

他天生哮喘，夜裡總是輾轉難眠，白天又異常疲憊，多年來，這個病一直折磨著他。同時，他也對很多東西都有恐懼症，比如大海。某天，他懇求父親帶他去釣魚，父親說：「你沒有耐心，

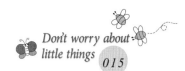

帶你去你會把我弄瘋的。」

也由於沒有耐性，他成了牛津大學的肄業生。

某次上課時，老師問他拿破崙是哪國人，他覺得其中一定有詐，自作聰明地改以荷蘭人作答，結果遭到不准吃晚飯的懲罰。

他總覺得自己的智商只比天才低一點，結果一測試只有九十六，只是普通人的正常智商。

下面，我們再來看一位偉大人物的傳奇：

他一生朋友無數，曾列了一個有五十個名字的摯友清單，包括美國國防部部長、紐約的著名律師、報刊總編以及女房東、農場的鄰居、貧民區的醫生……等等。

二戰期間，當時他三十一歲，為了幫助自己的祖國，服務於英國情報局，當了幾年的間諜。

三十八歲時，他記起祖父從一個失敗的農夫成為一名成功的商人，於是決定效仿。沒有文憑的他以六千美元起家，創辦了全球最大的廣告公司，年營業額達數十億美元。

他曾自嘲：「只要比競爭對手活得長，你就贏了。」會這麼說是因為，他活了八十八歲。

他一生都在冒險，大學沒讀完就跑到巴黎當廚師，繼而賣廚具，到美國好萊塢做調查員的工作，之後又作了間諜、農民和廣告人，晚年則隱居於法國的古堡。他敢於想像，設計了無數優秀的廣告詞，至今仍在使用。

他還曾經說過：「永遠不要把財富和頭腦混為一談，一個人賺很多錢和他的頭腦沒有多大關係。」

你知道嗎？這位少年和偉人是同一個人，他的名字叫做大衛·奧格威，也就是奧美廣告的創始人。

　　奧美廣告的創始人，在事業上可說是非常成功。翻開諸多商業類雜誌，媒體記者多半會以類似「偉人故事」的手法，為像奧格威這樣的人物塑造出「成功者」的形象；在不知不覺間，人們也就將這個人給「神化」了。

　　會不自覺地「神化」成功者，往往是因為這會帶給我們一點「自我安慰」的感覺：畢竟人家還是不一樣！這樣一來，大部分人就能夠對自己的「平凡」釋懷了。

　　但是，看過奧格威的故事之後，可能很多人會發現，其實他與一般人並沒有那麼大的不同。說穿了，成功者也是人，不是神，他們的命運更不是「上天註定」，一切的成功與失敗，還是得看當事者究竟付出多少努力。

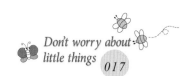

自己的命運，必須自己負責

我們必須對生命充滿敬意，必須對自己的命運
負責。因為生命之鑰就握在自己手上，好壞最
後還是只有自己才能決定！

切斯特曾說：「大多數人愛抱怨命運，卻幾乎沒人抱怨自然。
而且他們越認為後者對他們仁慈，就越抱怨前者的所謂不公正。」

對於理解它們的人來說，命運與自然，其實都遵循著同一個
法則，並沒有「公正」或「不公正」的差別；我們所要努力的，
是瞭解尊重這個法則，然後努力實踐它，如此而已。

那麼，這條法則是什麼呢？

有一個小男孩跟父親走在山中，一個不留神踩到一顆石子，
小男孩「哇……喔！」地叫了一聲。幾乎是同時，他聽到了一個
聲音從山中的某處傳出來，重複他的聲音：「哇……喔！」

他於是好奇地大聲問那個聲音：「你是誰？」

結果他得到的答案也是：「你是誰？」

小男孩生氣了，大聲吼出「膽小鬼」三個字，但這一次他得
到的答案也是「膽小鬼」。他於是忍不住問父親：「爸爸，這到
底怎麼回事啊？」

只見父親笑了笑，向那個聲音大吼了一聲：「我欽佩你！」

結果得到的回應也是：「我欽佩你！」

同樣的，父親再一次大聲地說：「你是冠軍！」

這個聲音也回答：「你是冠軍！」

小男孩感到既訝異又不解。父親於是向他解釋：「一般人們稱這是回音，但實際上這是生命不變的真理：你所說的與做的每一件事，最後都會回應到你身上。」

你所付出的，最終都會得到回報。這就是生命與自然的法則。

如果我們有機會停下來想想，仔細回顧那些我們曾經做過的，以及忘記去做的，還有那些自己做對與做錯的事，就會發現這條法則所言非虛。

付出的若是單純的善意，在你的生命裡也會同樣擁有這些東西；釋放出的若是諸多惡意、糟蹋或不懂珍惜，那麼你的生命也將充滿許許多多的輕視、敵意與遺憾。

生命是多麼公平啊！這就是為什麼我們必須對生命充滿敬意，必須對自己的命運負責。

因為，生命之鑰就握在我們自己的手上，是好是壞，是可敬可恨，是值得還是不值得，是「不留空白」還是「留下許多遺憾」，最後還是只有自己才能夠決定！

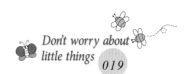

軟弱只會讓你走向失敗

若想做出一番事業，應要有更強韌的決心。天無絕人之路，問題在於：找到那條路之前，我們是不是先「棄械投降」了？

因為過度自信，心算大師卡米洛慘遭生平唯一一次的滑鐵盧。但事實上，真正在「滑鐵盧」摔了一大跤的拿破崙，也有一個故事。

話說差點就稱霸歐陸的蓋世英雄拿破崙慘遭失敗，被流放到聖赫勒拿島後，他的一位善於謀略的密友透過秘密管道，為他捎來一副用象牙和軟玉製成的精緻西洋棋。

收到這項小禮物的拿破崙愛不釋手，從此一個人默默下起棋，藉此打發寂寞痛苦的時光。

時光匆匆過去，這副棋被摸光滑了，而拿破崙的生命也走到了盡頭。

拿破崙死後，這副棋流到市場上，經過多次轉手拍賣，不斷更換主人。

後來，在一個偶然的機會裡，這副棋的最後一位擁有者偶然發現，其中一枚棋子的底部居然可以打開，而且裡面還塞有一張敘述如何逃出聖赫勒拿島的詳細計劃表！

　　法國小說家大仲馬曾經說：「誰若是有一剎那的膽怯，也許就放走了幸運在這剎那間對他伸出來的香餌。」

　　一剎那的膽怯、一剎那的疑惑、一剎那的猶豫不決……這些「一剎那」，或許就決定了我們一輩子的命運。

　　拿破崙算不算英雄？想來應該許多人會同意他的戰功彪炳，的確做過一番大事，連貝多芬都想著要把自己的「英雄交響曲」獻他呢！

　　但英雄也是人，也會喪志膽怯，也會多所猶豫；正是因為如此，他在最後關頭放棄了，不再千方百計地想要逃出去重振聲威，否則絕對不至於連密友為他精心設計的機關都無法看破。

　　我們或許沒有拿破崙的才略，但若想要做出一番事業，應該要擁有比他更強韌的決心，告訴自己絕不放棄，因為我們沒有放棄的本錢。

　　天無絕人之路，問題在於：在找到那條路之前，我們自己是不是已經先「棄械投降」了？

　　相信只要保持冷靜，擁有充分的決心，拿破崙沒辦到的事，我們未必也辦不到！

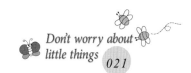

「先入為主」會讓你付出代價

只要不急著「事先判定」，「誤判」就不會發生。換句話說，在沒有百分之百的確定之前，千萬不要把話說得太滿。

有一位作家曾經如此說過：「懂得很多不容易，懂得很多而時刻以為不足，尤其不易。」

在這個資訊爆炸的時代，要懂得很多其實不難；有什麼疑問困難，上各大入口網站、維基百科一查，就算不知道百分之百，也可以大概知道個六七十，多麼輕鬆、多麼容易！

但是，為什麼還是有很多人犯下「無知」之錯？

答案很簡單，因為不懂得「時刻以為不足」，以為自己「都知道」，所以就「先入為主」了。

許多年前，哈佛因為某任校長一次錯誤的判斷，付出了很大的代價。

有一天，一對老夫婦，女的穿著一套褪色的條紋棉布衣服，她的丈夫則穿著布製的便宜西裝，也沒有事先約好，就直接去拜訪哈佛校長。

校長的秘書在片刻間就斷定這兩個鄉下土包子，根本不可能與哈佛有業務來往，便對他們愛理不理的。

老先生輕聲地說：「我們要見校長。」

秘書禮貌地回答：「他整天都很忙！」

女士於是說：「沒關係，我們可以等。」

過了幾個鐘頭，秘書一直不理他們，希望對方知難而退自己走開。他們卻一直等在那裡，絲毫沒有打算離開的跡象。

秘書沒辦法，終於決定通知校長：「也許他們跟您講幾句話就會走開。」校長無奈，也只好不耐煩地同意了。

不久，校長開了門，擺出架子、並且心不甘情不願地面對這對夫婦。

這位來訪的女士告訴他：「我們有一個兒子曾經唸過一年哈佛，他很喜歡哈佛，在哈佛的生活很快樂。但是，去年他因意外死亡，我丈夫和我想在校園裡為他留下一項紀念品。」

校長並沒有被感動，反而覺得很可笑，粗聲地說：「夫人，我們不能為每一位曾讀過哈佛而後死亡的人建立雕像。如果每個人都這樣做，校園會看起來像墓園一樣。」

女士說：「不是，我們不是要豎立雕像，而是想要捐一棟大樓給哈佛。」

校長仔細地看了一下兩人身上的條紋棉布衣服及粗布便宜西裝，然後吐一口氣說：「你們知不知道建一棟大樓要花多少錢？本校建築物的價值，一棟都超過七百五十萬美元呢！」

這時，女士沉默不講話了。

校長很高興，心想總算可以把他們打發走。

沒料到，這位女士突然對她的丈夫說：「只要七百五十萬就可以建一座大樓？那麼，我們為什麼不建一座大學來紀念我們的兒子？」

就這樣，史丹佛夫婦決定離開哈佛來到加州，並成立史丹佛

大學來紀念他們的愛子。

人之所以經常錯失良機，通常在於不懂得用好心情去面對事情。就算是哈佛校長，也都會犯下這樣的錯誤，更不用說是平凡的我們了。不必等別人用「狗眼看人低」來評論他，這位校長就已經為自己的「先入為主」付出了非常大的代價。

貴為一校之長，當然不可能在每個訪客進門前，把對方的身家背景完全查個一清二楚，因此要避免「先入為主」的最好方法，就是給予每個來訪的人最大的尊重，不要那麼勢利。

只要不急著「事先判定」，「誤判」就不會發生。

換句話說，在沒有百分之百的確定之前，千萬不要把話說得太滿，也不要為自認為「已經知道」的事物自鳴得意，一旦心裡出現「早就知道了」、「我怎麼會不曉得」的想法，那就是最糟糕的時候。

西方有這樣一句諺語：「驕傲自滿的人，有恥辱跟隨著他；謙遜謹慎的人，有智慧陪伴著他。」

話很簡單，但的確是真理，且讓我們共勉之！

再小的細節，也不能任意忽略

注意微小的問題，別因為它「看似荒謬」而忽視。因為在許多時候，小小的細節中往往包含著大大的關鍵。

我們常常把一些說不出「為什麼」的問題，當做「不可解」、「超自然」的怪現象處理。可是，這種心態的背後，卻往往突顯出一般人敷衍了事，不懂得打破砂鍋查到底的苟且心態。

有一天，美國通用汽車公司的客戶服務部收到一封信：

「這是我為同一件事第二次寫信，我不會怪你們沒有回信給我，因為我也覺得這樣別人會認為我瘋了，但這的確是一個事實。我家有個習慣，就是每天晚餐後，都會以冰淇淋來當飯後甜點。由於冰淇淋的口味很多，所以每天飯後家人才會投票決定要吃哪一種口味，之後我再開車去買。但自從我買了貴公司旗下出品的新車之後，問題就發生了。

每當我買香草口味時，從店裡出來車子就發不動。但如果買其他口味，發動就順得很。我對這個問題很認真，儘管聽起來很奇怪：為什麼當我買了香草口味冰淇淋它就罷工，而我不管什麼時候買其他口味，它卻又變得生龍活虎？這究竟是為什麼？」

事實上，客服部經理對這封信還真的心存懷疑，認為會不會

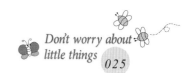

是故意寫信來搗亂的？但他想了一想，還是派了一位工程師去查看究竟。

當工程師去找這名用戶時，很驚訝地發現這封信是出自一位事業成功、樂觀、且受了高等教育的人。由於約定見面的時間剛好是在晚餐之後，兩人於是一同上車往冰淇淋店開去。

那個晚上，這家人投票的結果是香草口味，當買好香草冰淇淋回到車上後，車子果然發不動了。這位工程師覺得很奇怪，便在之後連續三天，於同樣的時間前來觀察車子的情況。

第一晚，巧克力冰淇淋，車子沒事。第二晚，草莓冰淇淋，車子也沒事。第三晚，香草冰淇淋，車子卻發不動了。

這位思考極富邏輯性的工程師，還是不相信這輛車子對香草口味過敏，因而繼續安排相同的行程，希望能夠將這個問題解決。

工程師開始記下一開始到目前為止的種種詳細資料，如時間、汽油的種類、車子開出及開回的時間……等。

在查閱比較了許多資料之後，工程師終於有了一個結論，由於香草冰淇淋是所有口味中最暢銷的，店家為了讓顧客每次都能很快拿取，便將香草口味特別放在店面的前端；至於其他口味則放置在後端，因此這位用戶買香草冰淇淋所花的時間比其他口味要少。

有了初步結論之後，接下來的問題就是，為什麼這部車會因為熄火到重新發動的時間較短而發不動？

很明顯的，原因絕對不是香草冰淇淋，而是蒸氣鎖。

當用戶買其他口味時，由於時間較久，引擎有足夠的時間散熱，重新發動時就沒有太大的問題。但是買香草口味時，由於花的時間較短，以至於無法讓蒸氣鎖有足夠的散熱時間。

後來，通用汽車把所有同款的車子回收，改善了蒸氣鎖的問

題之後才又重新上市，此舉也受到相當的好評。

　　這個「通用汽車與香草冰淇淋之戀」，不知道給了你什麼啟示？事件情節雖然有些曲折，不過在「為什麼」背後所隱藏的不但是事實，更是非常科學的「因果關係」。

　　相對的，再怎麼看似難解，甚至荒謬的謎題，只要用認真的態度對待，用科學精神加以發掘，那麼最終一定會得到貨真價實的「真相」。

　　如果通用汽車的人一開始就把這封信當做玩笑來看待，那他們就不會發現這個問題；如果那位工程師在摸不著頭緒後就死心不再追根究柢，那麼他也無法查出這整件事情的來龍去脈。

　　從這個知名案例，我們可以學到一件事，那就是：多多注意微小的問題，別因為它「看似荒謬」而忽視。因為許多時候，在小小的細節中往往包含著大大的關鍵。

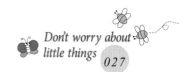

磨練，是成功來臨前的考驗

只要承受得了磨練，一定會得到某種方式的回報，或許是更有韌性、更堅強，也或許是更多甜美而豐碩的成功果實！

曾經在一本書裡讀過這兩句話：「在暴風雨裡長大的才能是海鷗，在屋簷上長大的只能是家雀。」

人都有選擇的機會，如果是你，你是要當展翅高飛的海鷗？或是飛都飛不高、吃又吃不飽，得要寄人籬下的麻雀呢？

從前從前有一個小鐵塊，原本一直過著快樂安逸的日子。這天，它的主人突然把它丟到火裡去，由於熱得好難過，鐵塊便向火燄說：「火燄大哥，可不可以稍微降低一點您的溫度呢？」

火燄經不起鐵塊聲聲喊痛，最後只好答應降低溫度。不久後，鐵塊被人自火堆中取出放在鋼板上，開始接受鐵錘一下一下地重重敲打。

小鐵塊又受不了了，於是再度開口哀求：「鐵錘大哥，可否將您錘打的速度再放慢一點，擊打的力量再輕一點，讓我少受點苦吧！」

鐵錘經不住鐵塊苦苦哀求，也答應照做。

最後，鐵塊在經過沒多少鍛鍊的情況下出了工廠，可是過不

了多久，它就滿身鐵鏽地被扔出原本工作的地方，成為一塊沒人
要的垃圾。

　　小鐵塊受不得高熱與錘打得原因其實很簡單，就是不想吃苦
罷了，但是，等待著它的命運，就是變成一塊沒有用的廢鐵，很
快就因為生鏽而被丟棄。雖然很殘酷，但這就是現實。

　　如果可以選擇，誰願意無端端承受折磨與痛苦？如果可以選
擇，誰願意無端端接受試煉與壓力？相信沒有人會甘心無故忍受
這一切；同樣的，這些勞苦也必然有其存在的原因。

　　究竟為了什麼，或許我們一時半刻沒有辦法瞭解，但終有一
天我們會發現，正是過去這些磨練，才讓自己變成一塊堅韌的鐵
塊，不生鏽、不毀壞，並能克盡其用。

　　也就是說，只要能忍得了苦，承受得了磨練，一定會得到某
種方式的回報。或許是更有韌性、更堅強，也或許是更多甜美而
豐碩的成功果實！

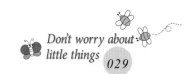
過度自信小心毀了自己

自滿、自高自大和輕信,事實上就是因為對自己過度自信,相信自己的判斷「絕對不會錯」,就會犯了「輕信」的致命傷。

　　法國作家巴爾札克曾說:「自滿、自高自大和輕信,是人生的三大暗礁。」

　　千萬要小心這三大暗礁,若不好好提防注意,它們的力量足以讓人生小船,在生命的旅程中撞得破破爛爛、傷痕累累,甚至於沉船失事。

　　著名的心算家艾伯特・卡米洛曾經誇下海口,說他這輩子「從來沒有失算過」。由於他能在極短的時間內,用心算的方式計算出好幾位數的四則運算,因此常常應邀到全國各地表演。

　　這一天,他來到某個小鎮的學校演出。在台上表演心算時,有人上台出了道題目給他:「卡米洛先生,聽說你從來沒有失算過,是真的嗎?」

　　「當然。」卡米洛輕輕地點頭。

　　對方聽了,便說:「那,我請問你,一輛載著二百八十三名旅客的火車駛進車站,有八十七人下車,六十五人上車;下一站又下去四十九人,上來一百一十二人;再下一站又下去三十七人,

上來九十六人；下下一站下去七十四人，上來六十九人；下下下一站又下去十七人，上來二十三人⋯⋯」

那人剛說完，心算大師便不屑地答道：「小兒科！火車上一共還有⋯⋯」

「不，」那人立刻打斷他：「我是想請您算出，火車一共停了多少站？」

艾伯特‧卡米洛當下呆住，這組簡單的加減法，也成了他生平唯一一次的「滑鐵盧」。

艾伯特‧卡米洛對自己的心算能力過於自信，理所當然覺得對方一定是要詢問他「最後火車上有幾位乘客」，卻沒有想到中了對方設下的陷阱。若不是對自己的計算能力太過自負，或許不見得會中計也不一定。

自滿、自高自大和輕信，事實上出於同樣的心態，那就是對於自己過度自信，相信自己的判斷「絕對不會錯」，結果就是犯了「輕信」的致命傷。

號稱「從來沒有失算過」的心算大師卡米洛，卻因為自己的「神算」敗下陣來，原因正在於對自己的「不失算」太有信心。

相信這個故事，應該能夠給我們相當大的啟發。

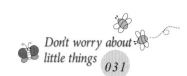

善用宣傳，就能扭轉局勢

東西賣不出去，可以檢討販賣的方針，也可以
檢討東西的品質與內容，但也不要忘了思考一
下「宣傳」的問題。

貴爲一國元首的總統大人，會不會有吃癟的時候？一個人說
什麼都動見觀瞻、被人拿放大鏡來檢視、當做霓虹燈來掛招牌，
這究竟是好事還是壞事？

不妨先把當今的政治之爭放在一邊，因爲這裡要說的並不是
我們的總統，而是一個關於「書商」、「宣傳」與「總統」的小
故事。

某出版商手上有一批滯銷書久久不能脫手，這天，忽然想出
了一個絕妙的主意：送一本書給總統，並徵求總統的意見。

忙於政務的總統不願與他多糾纏，於是回了一句：「這本書
不錯。」

出版商得到回信後便以「現任總統愛看的書」爲賣點大肆宣
傳，這些書果眞很快就被一搶而空。

不久，出版商又有書賣不出去，這次，他同樣送了一本書給
總統。總統上了一回當，便想奚落他，於是回信道：「這本書糟
透了。」

出版商腦筋一轉，又以「現任總統最討厭的書」為宣傳手法，又有不少人出於好奇爭相購買。

第三次，出版商將書送給總統，總統有了前兩次教訓，這次決定不做任何答覆，打算看看書商怎麼應對。

這一回，雖然出版商得不到總統的回音，但還是一樣大做廣告，並以「令總統難以下結論的書」作為宣傳花招，書同樣也被一搶而空！

先回答最前面的問題：一個人說什麼都動見觀瞻、被人拿放大鏡來檢視、當做霓虹燈來掛招牌，這究竟是好事還是壞事？

答案是：只要你能夠拿它來利用，那麼它對你就是好事！

商人的頭腦必須靈活，因為不靈活就得賠錢，拿總統大人來利用一下，只要在合法的範圍之內，其實也沒有什麼不可以。我們當然也可以學學這位老兄，想想：什麼東西受注目？什麼東西受歡迎？又該如何利用它們協助自己？

宣傳是很重要的，尤其在這個年代；至於怎麼做，就全憑各人本事了。東西賣不出去，可以檢討販賣的方針，也可以檢討東西的品質與內容，但也不要忘了思考一下「宣傳」的問題。

不必沽名釣譽，更無須故作清高，「宣傳」的的確確是一門藝術，只要你能好好運用它！

沒有起步，
就不會有進步

許多人拒絕進步，總是用盡各種藉口，

連「起步」的機會都沒有了，更遑論「進步」？

只要有夢想，就有圓夢的希望

圓夢是為了成就自身的圓滿，但追夢過程可能
遭遇的風險，必須是你承擔得起的。

　　幽默作家林語堂曾勉勵我們：「人生有夢，築夢踏實。」

　　每個人都有自己的夢想，只是到頭來，許多人都只會怪生活
磨蝕了夢想，卻從不責怪自己為何不踏實築夢。「美夢成眞」這
句話，也許聽起來很遙遠，但永遠不會嫌遲，晚來總比不來好，
成功是沒有時間表的。

　　海倫十四歲時就夢想成為作家，但沉重的經濟壓力使她像一
般人一樣，過著勞碌奔波的生活，從來沒有創作過任何一部作品。
到了五十歲時，好不容易卸下生活的重擔，她才有機會對自己的
人生做全新的規劃。

　　海倫加入一個寫作團體，開始嘗試寫作，並將自己的第一部
懸疑小說寄給三家出版社。

　　結果，她收到三份退件；海倫仍不死心，又將書稿寄給三十
三家代理商，只是這三十三家代理商同樣寄了退件給她。

　　他們客套地稱讚海倫頗具創意，但是從事寫作，光有創意是
不夠的，言下之意，他們認為海倫除了創意之外，一無可取。海

倫並不爲此感到挫折，她很高興聽到來自四面八方的意見，並虛心地把這一切都看成學習的機會，知道在哪些方面比較缺乏，在哪些部分需要加強。

憑著對寫作的熱情，她參加一個犯罪調查和辯論技巧的研習班，開始收集有關犯罪事件的文章，並經常請教犯罪專家，從中汲取各種經驗。

經驗使人成長，海倫內心累積的能量越來越多，也受到許多啓發，把各種零星事件串連起來，開始構思故事。

後來，海倫帶著完成好的前半部作品參加一個作家會議。與會之前，海倫用心調查每位代理商的背景，並決定把書稿交給其中最具潛力的一家。

這一次，代理商沒有支支吾吾，看完海倫的小說，只問了一個問題：「妳想要多少稿酬？」

海倫想了片刻，大膽提出一個足以令她安心寫作兩年的價錢：「十二萬美元。」

代理商欣然同意。於是，海倫出版了她的第一部小說《鹽的世界》，當時她已經五十二歲了。

大文豪雨果曾經說：「因為世界上存在著失望，因此，希望才會成為人類最偉大的鼓舞力量。」

想把壞事轉變成好事，就必須對未來充滿希望。

無論遇到任何困境，只要心中還抱持堅決的希望，事情就會往美好的方向發展。

人只要還有夢想，無論到了什麼年紀，都還有圓夢的希望。

放棄夢想可能會有揮拂不去的遺憾，但是，不顧一切地全力

圓夢，也可能會有慘痛的意外發生。

　　到了一定的年紀，你實踐夢想的步伐，也應該隨著年齡增長而更成熟穩健。所謂的夢想，可以是默默耕耘，不一定要放手一搏；可以是腳踏實地，不一定非得一步登天。

　　你已不再年輕，萬一輸了只會一敗塗地，連翻身的機會都沒有。圓夢是為了成就自身的圓滿，但是追夢過程可能遭遇的風險，必須是你承擔得起的。

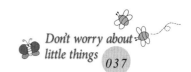

沒有起步，就不會有進步

許多人拒絕進步，總是用盡各種藉口，連「起步」的機會都沒有了，更遑論「進步」？

社會上有許多殘障人士克服身體的障礙，活出自己的一片天地，但也有的人身體健全，思想、行動卻像是個殘障。

這說明「事在人為」，人生其實掌握在自己手上，只要你相信自己辦得到，就一定辦得到。

佳佳從懂事起就明顯感受到自己與一般人的不同，她的右手肘以下先天性殘缺，等於只有一隻手可用。幸好，她有一個很溫暖的家庭，媽媽從來沒有因為她的缺陷而少愛她一點，總是和顏悅色地告訴佳佳：「凡事妳都要自己動手去做。」

七歲那年，佳佳想吃蘋果，一面哭，一面對媽媽說：「我沒辦法削蘋果，我只有一隻手。」

當時，媽媽正在洗衣服，頭也不抬地說：「回廚房去把蘋果削好，妳的手不是問題。」

過了半個鐘頭，媽媽來到廚房，看見佳佳把蘋果夾在右臂腋窩裡，然後用健全的左手削蘋果。媽媽開心地笑了，鼓勵佳佳：「妳看吧！只要妳肯努力，沒有一件事情是妳辦不到的。」

　　一直以來，媽媽都把佳佳當成一個正常的孩子來教導，讓她和一般孩子一樣上學、放學，一樣讀書，一樣寫字，甚至連上體育課也請老師不讓她受到一點特殊待遇。

　　二年級的某一天，體育老師帶著小朋友玩單槓，輪到佳佳時，她搖著頭說她做不到，她只有一隻手，沒有辦法支撐身體的重量；某些同學看著佳佳驚慌失措的模樣，當著她的面大笑起來。

　　回到家裡，佳佳傷心地哭了。媽媽一問明原因，立刻就帶著她返回學校，在空曠的操場上教她玩單槓。

　　媽媽站在佳佳的身邊，隨時保護她。接著，媽媽讓佳佳用左手抓牢單槓，再用右手臂勾住單槓的另一頭。

　　整個下午，操場上只有她們母女倆的身影，媽媽陪著佳佳鍥而不捨地練習。過了幾天，佳佳終於可以在單槓上自由自在地盪來盪去，讓所有曾經嘲笑過她的同學都自嘆不如。

　　吊單槓只是一件很小的事情，一般人除了童年以外，可能一輩子都不會再用到這項技能，但是，如果連這點小事都無法下定決心去做好，憑什麼能做大事？

　　許多人拒絕進步，總是用盡各種藉口加以推託，「學這個沒用……」、「我辦不到……」、「這個不適合我……」，連「起步」的機會都沒有了，更遑論「進步」？

　　任何大的成功，都是從小事一點一滴累積而來的；沒有做不到的事，只有不肯做的人。

　　想想你曾經歷過的失敗，當時的你真的用盡全力試過各種辦法了嗎？殘缺的身體不會是障礙，只有你自己才可能是一個最大的絆腳石。

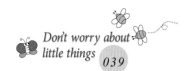
想太多只會自找麻煩

如果你覺得自己不行，別人又怎麼敢把事情交給你？往往在別人否定你之前，你已經先否定自己了，不是嗎？

蒙泰朗曾經說過：「耗盡我們生命的，與其說是重大的悲劇，不如說是瑣碎的小事。」

遇事不用大腦，無端地煩惱，無端地為小事焦慮憂愁，是現代人的通病。如果不想浪費自己的生命，那麼，在人生的過程中，就千萬不要讓小事成為燒盡我們生命的燃料，就不要把時間和精力浪費在無關緊要的小事上。

人生難免會遭遇到許多意外，正所謂「好事多磨」。

人生旅途上，始終一帆風順的人少之又少，但是在你遇到的種種挫折、挑戰中，你知道哪些是真正的問題，哪些又是你自己「虛構」出來的嗎？

想讓眼前不如意的事往好的方向發展，最重要的一件事就是「放下自己」。

一天夜晚，在漆黑偏僻的公路上，一個年輕人正開著車經過，不料，汽車的輪胎居然爆了！

年輕人下車來打開後車廂，翻遍車子的裡裡外外，卻怎麼找

也找不到千斤頂，附近一片荒山野嶺，該怎麼辦才好？

正當他心慌意亂時，看見遠遠有一座亮著燈火的農家。在這個四下無人、鳥不拉屎的深山裡，年輕人縱使心不甘、情不願，也只能移動自己的雙腳，徒步走過去尋求支援。

在路上，年輕人一邊走，一邊不停地想：「要是沒有人來開門怎麼辦？」

接著，他又想到：「要是對方開了門，但是沒有千斤頂，那該怎麼辦？」

越往下想，他的推理更深一層：「要是那戶人家有千斤頂，卻不肯借給我，那又該怎麼辦？」

順著這種思路一直想，他越想越覺得：「那戶人家又不認識我，一定不會把千斤頂借給我；對方會想萬一借給了我，我不還怎麼辦？所以一定不敢把千斤頂借給我。」

月黑風高，山路崎嶇難行，年輕人越想心情越糟，一邊擔心自己的車子，一邊感嘆著人情淡薄，即使路見不平也不會有人拔刀相助，這個世界究竟是怎麼回事？

當他終於走到那間房子，情緒已經緊繃、惡劣到極點；敲了門之後，主人剛走出來，他想都沒想，劈頭就是一句：「他×的！你那個千斤頂有什麼了不起的！」

主人深夜來開門，已經夠緊張的，結果一開了門，無緣無故就挨了一頓罵，「砰」的一聲，趕緊便把門給關上。任憑年輕人再怎麼敲門，農戶的主人也不願意再來開門了。

日本心理學家德田虎雄曾經提醒我們：「人與人之間的互動是相當微妙的，散發正面的能量會潤滑彼此的關係，相反的，散

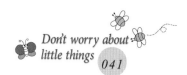

發負面的能量，則會讓對方感到嫌惡，導致雙方關係破裂。」

想散發正面的能量，就不要在內心「虛構」種種負面的情況，而要在言行之中展現自己的熱忱及信心。

如果你覺得自己不行，別人又怎麼敢把事情交給你？

如果你覺得自己不夠優秀，你又怎麼能吸引到真正優秀的人來支援你？

往往在別人否定你之前，你已經先否定自己了，不是嗎？

成功的人常在困難中找到機會，失敗的人常在機會中製造困難。如果想要成功，你應該著眼於「你所想要的」，而不是「你所不要的」；世事無常，你怎麼可能預測到每一件意外？

想太多只是自找麻煩，不如意的預測你想得再多也沒有用。不如把注意力集中在你的目標上，你想要什麼，放手去做，沒有「可是」！

事情圓滿比誰對誰錯重要

「忍一時風平浪靜，退一步海闊天空。」即使別人指著你鼻子批評，你也能沉著應付，這就對了！

面對別人的批評指教，你會虛心接受，還是動輒強言辯駁？如果對方的話與事實真相不符，你會忍不住指正他的錯誤，還是根本不當一回事？

每個人都想證明自己是對的，但是，誰對誰錯真的很重要嗎？

其實，讓事情朝著自己希望的方向發展，才是最重要的。

一九七○年代，新力牌彩色電視機剛剛打開門戶，擠進美國市場。

新力公司的海外部部長經過深思熟慮，決定選擇美國最具知名度的經銷商馬希利爾公司，作為開發市場的主攻對象。

部長多次造訪該公司，但是，每次拜訪的結果都一樣，美國人總是直接了當、毫不留情地說「不」。

部長不甘心就此罷休，認為越是困難越應該挑戰，一而再、再而三地造訪馬希利爾公司。到了第四次，經理終於願意坐下來和他談一談。

結果，話不投機三句多，馬希利爾公司經理只提出了一句：

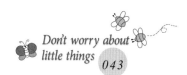

「你們新力的售後服務太差。」便為這次的談判劃下句點。

部長並沒有為此爭辯，一回到辦公室，立刻下令設置特約服務部門，負責美國地區的售後服務，並向消費者保證隨傳隨到，一定在第一時間內滿足客戶的需要。這下子，馬希利爾公司應該無話可說了吧？

豈知，第二次見面時，馬希利爾公司經理又以「新力在本地的形象不佳，知名度不夠，不受大眾歡迎」而拒絕經銷。

這分明是欲加之罪何患無詞，但是部長一點也不在意，不慌不忙地舉出新力彩色電視機的優點，最後誠懇地說明：「我三番兩次、千里迢迢來這裡見您，固然是以本公司的利益為出發點，但也同時考慮了貴公司的利益。每一家公司都不想做賠本的生意，我們當然也不會貿然嘗試；相信我，新力彩色電視機一定會成為你們的搖錢樹。」

馬希利爾公司經理被部長的誠意打動，最後終於勉強同意代銷兩台彩色電視機試試看。

這兩台彩色電視機才剛擺到架上，不到一個下午就賣出了，之後的一個月內，一共賣出了七百多台。

三年後，新力牌在美國地區的市場佔有率高達百分之三十，而且銷售量持續增加。

赫胥黎說過：「重要的不是誰對，而是什麼才是對的。」

你是不是那個「對」的人，一點都不重要，重要的是，你能不能達到自己想要的結果。

為了逞口舌之快，為了一時的意氣之爭，而和你的上司、客戶撕破臉，就好比以卵擊石一樣，破掉的一定是雞蛋，你又何必

不自量力呢？

　　記住，一味爭執只會削弱你的價值，更會突顯你是個不知輕重緩急、不知問題核心的蠢人。

　　事實上，很多人就是因為喜歡爭辯的壞習慣，一再丟掉工作，卻還搞不清楚問題在哪裡。

　　忍一時風平浪靜，退一步海闊天空。即使別人指著你鼻子批評，你也能沉著應付，努力達到這種境界就對了！

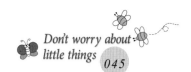

流過眼淚，笑容更甜美

我們受過傷，流過淚，經歷過痛苦，才算得上
體驗過完整的人生。知道什麼叫做痛苦，證明
你真真實實活過。

我們常常羨慕那些含著金湯匙出生的人，他們的老爸不是某
某某，就是認識某某某；他們有錢有勢，連上學都坐賓士。

這些當然值得人們稱羨，只是你也有令人羨慕的地方，如果
你能發掘出自己的優勢，開創屬於自己的幸福。

從前有一對夫妻，結婚多年一直沒有孩子。或許是他們的誠
心感動老天，婚後的第十年，太太竟意外懷孕，生了個兒子。

夫妻倆整日開心得合不攏嘴，把孩子取名阿龍，希望他將來
功成名就，成為人中之龍。

小阿龍長得白白胖胖，一副討人喜歡模樣，更是父母眼中的
寶貝，爸媽把他無微不至地捧在手心裡，捨不得讓他遭受到任何
一點碰撞。

「孩子，走路時記得要看著腳下，當心別跌倒了。尤其是在
瓷磚地板上走路，那上面又濕又滑，特別容易滑倒。還有，走山
路時也要看腳下，一不小心踩滑了，說不定你會從山頂上摔下去
的。」父母親預設了各種狀況，總是對著阿龍諄諄教誨，不希望

孩子發生意外。

　　這對慈祥的父母在阿龍二十五歲那年先後去世了。言猶在耳，阿龍沒有忘記父母親千交代、萬叮嚀的囑咐，時時刻刻都遵循著父母的指示；當他在街上走路，在山上踏青，在春天的草原裡漫遊，在神秘的森林裡躑躅，在商店裡閒逛，在沙灘上散步時，總是非常用心盯著自己的腳下，小心翼翼不被任何東西絆倒。

　　從小到大，他幾乎從來沒有跌倒過，也從來沒有扭傷過，更沒有碰傷過頭，就連踏到水坑的機會也沒有。

　　只是，這樣的步步小心並沒有使他步步高升，他一直專注於自己的腳下，無論是藍色的天空、明亮的彩霞，或是閃爍的星星、城市的燈火、人們的笑容，對他而言都只是驚鴻一瞥的影像，他從來不曾對它們凝神留心細看過。

　　終其一生，阿龍並沒有功成名就，成為人中之龍；他最大的成就，充其量只是從未摔倒過而已。

　　常有人說：「沒有經歷過痛苦，哪裡知道什麼是快樂？」認為痛苦的可貴，是在彰顯快樂的美好。

　　但是，這句話其實並不準確，應該改成：「沒有經歷過痛苦，哪裡知道什麼叫做痛苦？」

　　痛苦並不是為快樂而存在，痛苦本來就是人生的一部分，就像玫瑰身上的刺一樣，這些刺並不會使玫瑰變得更美艷或醜陋，但是如果玫瑰沒有刺，還算得上是一朵完整的玫瑰嗎？

　　我們受過傷，流過淚，經歷過痛苦，才算得上體驗過完整的人生。知道什麼叫做痛苦，證明你真真實實活過，流過眼淚之後，笑容會更加甜美，從這個角度來說，痛苦，也是一種幸福。

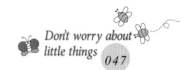

反擊別人不如充實自己

你傾盡全力不是在為了證明別人是錯的，而是要證明自己是對的；要改變自己還是改變別人，應該是再清楚不過了。

日常生活中，我們常常遇到一些專門和別人作對的人，總是把別人批評得一無是處，但本身卻可能更糟糕。

如果你身強體壯，甚至可以單憑一隻手指頭就把他擊倒，但是別這樣，絕對還有更好的辦法……

惡馬自有惡人騎，你又何必硬要和那些不知天高地厚的笨蛋過不去？

笨蛋糾纏不清的功力，往往超乎你的想像，與其浪費精力反擊對方，倒不如節省時間多多充實自己，那才是對自己真正有幫助的。

成功學大師戴爾‧卡內基剛開始拓展事業的階段，經常在全國各地巡迴演講，舉辦一些成人教育班和座談會。

某次的活動裡，來了一位紐約《太陽報》的記者，他後來在報導中卻毫不留情地攻擊卡內基和他所熱愛的工作。

這對年輕氣盛的卡內基來說，不只是一桶潑在頭上的冷水，簡直是一桶惡臭難當的餿水。

卡內基看了報紙，越想越火大；這些文字侮辱到他的人格、他的理想，以及他全心全意專注的事業，根本是這個記者刻意扭曲事實。

氣急敗壞之下，卡內基馬上打電話給《太陽報》執行委員會的主席，要求刊登一篇聲明，以澄清真相。

是可忍孰不可忍？卡內基當時只有一個念頭，就是一定要讓犯錯的人受到應得的懲罰。

但是，幾年之後，卡內基的事業規模越來越龐大，不禁為自己當時的幼稚行為感到慚愧。

因為，他直到這時才體認到，當時氣沖沖地發表自己的文章，想要藉此昭告天下、澄清事實，但是實際上，看那份報紙的人也許當中只有二分之一會看到那篇文章；看到那篇文章的人裡面可能有二分之一會把它當成一件微不足道的小事，而真正注意到這篇文章的人裡面，又有二分之一會在幾個禮拜之後，把這件事忘得一乾二淨。

如此一來，刊登這篇文章有什麼作用呢？

經過這層思考，卡內基的處世態度更為成熟，明白一個道理：「在你的能力範圍內，盡可能做你應該做的事，然後把你的破傘收起來，免得任意批評你的雨水順著脖子向背後流下去。」

富蘭克林曾說：「你熱愛生命嗎？那就千萬別為小事而苦惱。」

老是為了無謂的瑣事氣不停，老是為了可以解決的小事浪費時間，這種日子未免活得太沒價值了。

如果你能冷靜理智地面對，放寬自己胸懷，活用自己的大腦，

那麼，就不會再爲那些無謂的小事鬱悶了。

使我們感到憤怒、懊惱、痛苦、悲傷的，往往往往沒有想像中那麼嚴重，成功的人往往懂得控制自己的心境，適時轉換念頭，至於失敗的人，則容易困在情緒的框框裡作繭自縛。

面對別人的批評指教，你可以回敬同樣的「禮數」，這也許會使你的怨氣宣洩，但是卻不會讓你有更好的名聲，也不會讓事情往好的面向發展。因爲，當你反擊對手，平反自己時，你還是同一個你，根本沒有一點進步；喜歡你的人依然喜歡你，不接受你的人還是不接受。

這就像生氣地把一塊大石頭丟進海水裡，只會有一瞬間的水花，轉眼卻又風平浪靜。

如此，那些處心積慮的小動作又有什麼意義呢？

事實上，你傾盡全力不是在爲了證明別人是錯的，而是要證明自己是對的，那麼，要改變自己還是改變別人，應該是再清楚不過了。

後退，是為了擴大自己的視野

一朵花的香味如果只留給自己欣賞，別人又怎
麼會有機會喜愛這朵花？要證明自己是香的，
先決條件是要讓別人聞得到你的芬芳。

如果你只是一直盯著某個特定目標看，眼中將容不下其他事
物，也看不到通往目標的那條路。

想讓好事發生，那試著後退一點點，當你的視野更大了，如
何達到目標的方法，反而會更加清楚。

艾莉是個愛做夢的女孩子，從小，她就時常幻想在一個宏偉
高大的教堂裡，和英俊瀟灑的白馬王子結婚，從此永浴愛河、白
頭偕老。

隨著年紀的增長，離她實現夢想的日子也越來越近；漂亮的
教堂找到了，雪白的婚紗做好了，可是她朝思暮想的白馬王子卻
遲到了。

艾莉一直沒有任何追求者，眼看著和她差不多年紀的姑娘們
都先後成家，自己卻可能將變成一個沒有人要的老姑婆，她的心
情比熱鍋上的螞蟻還要著急。爲此，她找到村裡一位頗有名望的
老教授幫忙。

老教授在了解她的心事之後，告訴她：「妳的心情我很了解，

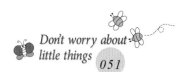

只是緣分未到，妳急也沒有用。不如這樣吧！我家要在下星期六舉辦個晚會，但是我妻子一個人忙不過來，如果妳願意的話，就過來幫忙她招呼客人，先練習做個主婦怎麼樣？」

艾莉答應了，老教授繼續說：「那麼明天一大早，妳先去買一套新衣服；記得不要自己挑，妳只要問問店員的意見，然後照她的建議購買。接著，去做個頭髮，一樣完全按照設計師的意見做，多聽聽專家的話總是有益的。當天晚上來我家的客人會很多，但是彼此互相認識的卻不多，妳要負責主動招呼客人，而且要代表我來歡迎他們，妳明白嗎？」

到了星期六這天，艾莉穿著大方得體的禮服，頭髮梳得高雅端莊，來到老教授的家中。

她溫和有禮，克盡職責，笑容可掬，態度親切，一心只熱忱的招待客人，完全忘掉自己的心事，像一隻翩翩起舞的蝴蝶，穿梭在客席舞池之間，吸引許多人的目光。

那個晚會之後，艾莉的名聲傳遍整個村莊，每個與會的客人都對她讚譽有加。

還不到一個禮拜，就有三個年輕人熱烈地追求艾莉，她終於從中挑選到一位自己夢寐以求的白馬王子。

俄國作家車爾尼雪夫斯基曾經這麼說：「誰要是希望好事發生，他就得自己動腦筋，自己用行動去達成，任何人都代替不了他。」

艾莉一心想要找到白馬王子，卻忽略「如何才能找到」，只活在自己的世界裡，陪伴她的當然只有自己。

但是，當她放下自己的目標，轉而將心力放在服務別人時，

散發出來的氣質反而更吸引人；無心插柳柳成蔭，世事往往就是這麼奇妙。

　　一朵花的香味如果只留給自己欣賞，別人又怎麼會有機會喜愛這朵花？但是，當眾人皆聞得到它的香氣時，它一定能贏得大家的歡心。

　　同樣的道理，你要證明自己是香的，先決條件就是要讓別人聞得到你散發出的芬芳。

心胸放大，才能爬得更高

站在底下羨慕別人爬得高，不如自己努力爬得
更高。如果一直盯著井底，你又怎麼會看得見
外面的天呢？

英國作家約翰遜曾說：「大多數人對名聲都有一種渴求，他
們獲得的越多，就越怕失去。」

正是基於這種渴求，人不知不覺就產生了比較、嫉妒的心理，
經常一碰到小事就懊惱不已，然後誇大其詞，但卻對那些眞正和
我們生命有關的大事毫不關心……

「人比人，氣死人」，因爲喜歡比較，在一般人的眼中，自
己沒有的往往多過於自己擁有的。

我們羨慕別人、埋怨老天爺不公平，其實這都只是來自酸葡
萄心理；時間會讓你知道，今日你滿心羨慕的東西，其實是多麼
的微不足道。

一位留學美國的學生記錄下了自己的心路歷程。

從小到大，他的成績一向名列前茅。由於小學成績優秀，在
父母苦心安排下，他進入私立的明星中學。

漸漸地，他發現自己不能再像小學時那樣，隨便翻翻課本就
穩拿第一了；中學有了升學壓力，一個比一個用功，一個比一個

熬夜，讀書讀得更晚，儘管他非常努力，都無法恢復從前鶴立雞群的出色程度。

沒有功課成就上的優越感，他開始忿忿不平，嫉妒比自己功課好的同學用的原子筆都是日本進口的，自己卻沒有，他想老天真是不公平啊！

他把悲憤化為力量，每天埋首於書堆中苦讀，幾個學期下來，終於以全校第一名成績畢業。

但他仍然覺得，人與人之間始終還是不平等的，為什麼自己沒有日本進口的筆可以用呢？

中學畢業之後，他考上台北一所一流大學，可是好景不常，班上全都是來自四面八方的英雄好漢，他這時的成績居然連中等也排不上。

看到台北本地的同學所用的文具大都是原裝進口，不小心弄丟也絲毫不可惜，而且每天早上吃奶茶三明治，讀書讀到十一、二點時再吃個魯味、鹽酥雞當宵夜；想想自己，離鄉背井又經濟拮据，早上一個饅頭捨不得吃完，留一半到晚上再吃。「公平」這兩個字，又該從何談起呢？

一直到五年後，父母用盡所有積蓄送他到美國留學。到了美國，他親眼看到五光十色的浩瀚世界，所有的嫉妒、自卑、怨恨忽然一掃而光。

他看到的不再只是自己的同學、同事和鄰居，而是整個世界，他明白自己不是要和周遭的人比較，而應該要和全世界比較；而且比上不足，比下有餘，自己已經算很幸運了，不是嗎？

奧地利作家茨威格在談論大航海家麥哲倫的功績時，曾經說：

「人生最大的幸福，就是讓自己的心境保持平和安靜。」

這是因為，一個人的心境倘若無法保持平和安靜，就會自尋煩惱，讓自己的心靈充滿不必要的負擔。

站在底下羨慕別人爬得高，不如自己努力爬得更高。

像井底之蛙在井底看世界，你會為了一隻蚯蚓、一點泥巴而斤斤計較，老是讓自己寢食難安。

直到有一天走到外面，你看到天空的浩大，才會知道從前的視野是多麼狹小，那一丁點東西，根本不值得你羨慕，更不值得你忿忿不平。

如果一直盯著井底，你又怎麼會看得見外面的天呢？這個世界如此廣闊，只要你試著把心胸放大，就算某些東西曾經重於泰山，但是對今天的你來說，都將只是輕如鴻毛。

有好心情，
才能談好事情

當吵架已非「頭腦與心靈的溝通」，

而變成「唇槍舌劍」的交鋒時，

這樣的爭吵，就只剩下「逞口舌之快」的互相傷害了。

幫助別人，就是幫助自己

我們永遠不會知道，未來有什麼樣的命運與挑
戰等在前面；幫助人可以讓你多一個朋友，這
總比多一個敵人更好，不是嗎？

詩人紀伯倫曾經說過：「在花中採蜜，是蜜蜂所需要的；但
將蜜汁送給蜜蜂，也是花所需要的。」

很多時候，我們可以在自然界當中觀察到相依相存的「互利
關係」，這種關係存在於蜜蜂與花之間，存在於小丑魚與珊瑚之
間，也存在於鯊魚與吸盤魚之間。牠們互相幫助、各取所需；一
旦缺少了任何一方，都會為彼此帶來很多的不便。

有一位叫沙都・辛格的冒險者，喜歡到各個地方去冒險。

有一天，他和伙伴打算挑戰聖母峰，途中卻遇上了暴風雪，
天氣非常惡劣。他們一路前行，氣溫越來越低，成功的機會似乎
也越來越渺茫。

正當兩人精疲力盡穿越喜馬拉雅山的一個山口時，竟然看見
一個人躺在雪地裡奄奄一息。辛格打手勢給伙伴，準備停下來幫
助那個人。豈料，他的伙伴卻說：「如果帶著這個累贅，連我們
都會送掉性命的，別傻了！」

但是辛格卻堅持：「我不能自己丟下這個人，任由他凍死在

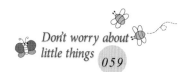

雪地裡！」

「那麼，你就跟他在黃泉路上作伴吧。」他的伙伴只丟下這句話，便自顧自地向前走去。

當辛格的伙伴和他告別後，便背起這個人繼續前行。漸漸地，辛格的體溫使這個人凍僵的身軀溫暖起來，他的體溫也溫暖了辛格，兩人互相扶持，不久已經可以並肩前進。

沒想到，當辛格賣力趕上先前的那個伙伴之時，卻發現他因為失溫，已經凍死在路邊了。

人與人之間的關係，固然經常是相互競爭的，但也會有相互幫助的時候；很多時候我們會發現，自己因為出於善心而對對方伸出援手，到最後，自己也同樣蒙受了對方的照顧。

這是一種互利的關係，也是人際關係中最基本原始的形式。想想，當初茹毛飲血的原始人，如果不懂得互相幫忙，要如何對抗野外的兇猛野獸呢？從前的農業時代裡，如果大家無法互相協助，又要怎麼播種、收割呢？

進入了現代社會，很多人反而忘了這種「互助互利」的關係，面對他人的時候，只想著自己，只顧著自己。

當然，我們不是鼓勵大家做「濫好人」或「聖人」，即便有些人真的能夠做到「只求付出不求回報」，但絕大部分的人免不了還是會有私心存在。

這並沒有錯，但是我們要明白，很多時候在能力範圍內對他人伸出自己的手，受益的將不會只有對方而已。因為我們永遠不會知道，未來有什麼樣的命運與挑戰等在前面；幫助人可以讓你多一個朋友，這總比多一個敵人更好，不是嗎？

有好心情，才能談好事情

當吵架已非「頭腦與心靈的溝通」，而變成
「唇槍舌劍」的交鋒時，這樣的爭吵，就只剩
下「逞口舌之快」的互相傷害了。

你不妨問問自己這些問題：

我常常跟人家吵架嗎？跟人吵架的時候，我還能夠好言好語
地與對方說話嗎？在爭論的時候，我是否容易失去控制？最重要
的是——吵架之後，我與對方得到了什麼？是否只有負面的情緒
留了下來？

明代的文人薛瑄曾經這麼說：「二十年制一『怒』字，尚未
消磨得盡，以是知克己最難。」

很多時候，我們的確不得不同意他的話呢！

李先生是一家工廠的老闆，公司約有五六百名員工的規模，
由於自身積極的投入，不管是在業務上或是在管理上，均有相當
的成效。

運籌帷幄，樣樣指揮若定的他，唯獨對兒子沒辦法，父子倆
的代溝就像台灣海峽般，怎麼樣也無法跨越，每次一見面，沒說
三句話，又是拍桌又是摔門，弄得家裡雞飛狗跳。

這天，因為兒子的晚歸，家裡再度成了戰場，就在雙方面紅

耳赤之際，兒子突然間住口，平靜地說：「再這樣吵下去也不是辦法，能不能請你把我剛剛說的那句話說一遍給我聽？」

李先生壓根兒也沒想到有這怪招。

他歪著頭想了一想，說：「你說……你說……做父親的太能幹，當然看不起兒子。」

「不對！你再想想看，我是這麼說的嗎？」

「渾小子！自己說過的話，為什麼不自己再說一次？」

兒子突然間笑出聲，說道：「你看，從頭到尾，我說什麼你都沒有在聽嘛，那些話是你自己想的，我可沒這麼說。我們不是要溝通嗎？那麼我說什麼，你重複一次給我聽，再輪到你說，我來重複，否則這種爭吵會沒完沒了的，你再想一想，我到底是怎麼說的？」

李先生想一想，終於承認：「我真的想不起來，你再說一次好了。」

「好吧！我是說，父親很能幹，兒子我一方面很佩服，一方面怕自己跟不上，心裡多少有點壓力。」

李先生冷靜一想，他說得合情合理，自己怎麼會那麼激動？

這天晚上，父子倆頭一次可以靜下心來談上兩個小時而不吵架，這個效果，連李先生也意想不到。

反唇相譏的爭執，永遠不會有交集。但願什麼時候，我們也能像李先生的兒子一樣頓悟這個道理。

有的時候，爭吵是唯一一種把話「說出來」的方式。但是，當吵架已非「頭腦與心靈的溝通」，而變成「唇槍舌劍」的交鋒時，我們往往會在不知不覺中把內心那道門給關上，不再把對方

的話聽進心裡。

這樣的爭吵，就只剩下完全憑條件反射，「逞口舌之快」的互相傷害了。

不能保持好心情，就無法談好事情。

想想我們自己，是不是也傾向於將吵架帶向這種負面而且沒有建設性的爭執之中呢？

故事中兒子的方法很簡單，但的確值得我們參考。不必提什麼長篇大論，只消兩個人把對方所說的話一字一句聽進心裡、慢慢咀嚼，那就夠了。

生命無絕對，把握當下才最正確

生命從來就不是「理所當然」的。我們唯一能做的，就是好好抓住當下，讓生命不虛度、不白活。

曾在某位作家的著作裡，看過如下這樣的句子：「壓力，可以調動出生命的全部力量。」

生命的力量，常常隱藏在生活之中，被許多細細瑣瑣的雜事牽絆；它是最為純粹的本能，卻也最容易被我們遺忘，只有面臨極端嚴苛惡劣的情況下，這股強大的力量才會被激發出來。

這是一個真實的故事。在美國，有一位離婚的婦女，因為違法受到指控，被關進拘留所。

在拘留期間，她的前夫發現情況不對，趕去她家看孩子，這才發現不到三歲的女兒獨自坐在地上看電視，沒有人照料。而這一天，離那位母親被抓已經十九天了。

報導中指出，原來這位婦女並沒有告訴警察自己還有一個小女兒，更沒有告訴任何人自己將年幼的女兒一個人留在家中。

在這十九天裡，聰明的小女孩把冰箱下層搆得著的、可以吃的東西全部吃掉了，甚至包括一瓶辣椒醬。

新聞記者除了譴責這位狠心母親的不道德與不負責任之外，

更是**驚嘆**於女孩的求生本能。

　　透過這件新聞，我們可以驗證出一個道理：在危難的時刻，人的確可以激發出前所未有的潛能。

　　因為把「活下去」這件事視為理所當然，我們才會總是在遭受不順利的時候，冒出輕生的念頭，但是當一個人連基本的生命存續都出現問題時，「如何活下去」往往變得比什麼都重要。

　　問問那些有一頓沒一頓的人，問問那些陷入饑荒國家的群眾，問問他們，「你是否想過自殺？」

　　我們很幸運，生在一個多數人都不必擔心溫飽的地方與時代。然而就是因為這樣，很多人同時也忘了人類與生俱來的奮鬥勇氣。

　　生命從來就不是「理所當然」的。

　　對很多人來說，要靠無窮盡的奮鬥、對抗、折磨，才能夠換得一日的生命。即便富足如你我，也永遠不知道什麼時候自己會面臨同樣的命運，因此我們唯一能做的，就是好好抓住當下，讓生命不虛度、不白活。

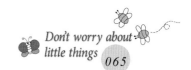

懂得包容，才會幸福

我們要做的不是互相數落、算計究竟你的缺點多
還是我的缺點多，而是互相理解、互相包容。

並不是只有十全十美的人才值得喜愛，更不是只有完美無缺
的人才能做為我們的終身伴侶、父母子女與朋友。

原諒是一種美，懂得包容他人的缺陷更是一種美。並且，這
些需要靠學習而來的美，也比所謂天賦的「完美」更可貴、真實
得多了。

從前有一位滿臉愁容的老人，七十歲了還沒有結婚，到處旅
行流浪，似乎在尋找什麼。

某天，這位老人來到一個城鎮，到處探聽查訪，一位好奇的
人便主動問他在找什麼。

老人說：「我在找一個完美的女人。」

那人覺得很奇怪，於是問道：「完美的女人？要做什麼？」

老人答道：「找到完美的女人之後，我想要娶她為妻！」

那人又問：「那你找了多久？」

老人回答：「從我二十歲開始，就不斷尋找這樣的女人，直
到現在。」

那人很驚訝地說：「你四處旅行，找了那麼多年，難到從來沒有找到一個完美的女人嗎？」

老人點點頭，答道：「有的，我碰到過一個，那是僅有的一個，真是一個完美的女人！」

那人便反問：「那你為什麼不娶她呢？」

老人無奈地說：「因為，她也正在尋找一個完美的男人！」

可以想見，這位「尋找完美女人的男人」，本身並不是多完美的男人，否則的話，完美的女人為什麼不要他呢？

很多時候，先看看自己之後再要求別人，也還不遲。就像在諸多「幻想」林志玲的男性之中，有幾個擁有林志玲的身高、學歷與條件？

想想，若是以武大郎條件，卻執意想娶潘金蓮那樣的女子，那人生當中的挫折與不幸、追求不到的痛苦，以及追求到之後的提心吊膽，恐怕都會比其他人更多上一大堆吧！

我們是人不是神，既然是人，就一定存在屬於人的缺點。我們要做的不是互相數落、算計究竟你的缺點多還是我的缺點多，而應是互相理解、互相包容，欣賞彼此在這些缺陷之外的更多長處，你說是嗎？

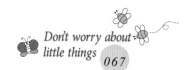

不要限制自己的高度

人生中的災難常常不會是死路一條，而是一個重新發現自己，重新評估自己、檢視自己「能與不能」的絕佳機會。

英國有一句這樣的成語：「沒有希望的地方，就沒有奮鬥。」

你的希望有多高，奮鬥的目標有多高，就一定可以讓自己跨上那樣的高度。沒有什麼是不可能的，除非你自己這麼認為。

有一位生物學家，將一群跳蚤放入實驗量杯裡，上面蓋上一片透明玻璃。跳蚤跳著跳著，紛紛撞上蓋在上頭的玻璃，不斷發出叮叮咚咚的聲音。

過了一會，他將玻璃蓋拿開，所有的跳蚤依然在跳，只是將跳的高度調到接近玻璃，以避免撞到頭。結果打開蓋子觀察了半天，這些跳蚤竟然沒有一隻跳出量杯。

或許你會覺得很奇怪，跳蚤可以跳到自身高度的一百倍以上，怎麼會在短時間內變成這樣呢？

生物學家最後解開了這個謎題。這些跳蚤並不是生理上「跳不高」，只是牠們覺得「再往上會撞到頂」，因此侷限了自己的跳躍能力。換句話說，牠們已經「適應」了環境，不再挑戰那塊玻璃蓋了。

不過，生物學家也發現，當他把量杯底部用火燒熱，所有的跳蚤又會發揮求生的本能，全都跳出量杯之外。

一時的制約讓跳蚤相信自己的力量「只有如此而已」，因而調整跳躍的高度，只為了害怕一而再、再而三的碰壁。

原先可以跳起高於自己百倍的生物，卻因為心裡那面「隱形障壁」的存在，終而越跳越矮，直至將自己的天賦與身體侷限在一個小小的瓶子裡。

很可悲，不是嗎？但這就是生物發展出來的「生存法則」，是牠們對自己所處環境做出來的調整。人又何嘗不是如此？

沒有希望的地方，就沒有奮鬥。當我們放棄希望的時候，奮鬥也就戛然而止，再也不可能跳脫出自己設下的格局與限制。

生物學家可以用火讓這些跳蚤做最後的奮鬥，讓牠們為了生存再度高高躍起，但在我們的人生當中，又有幾次這種「火燒屁股」的機會？

很多人遇到危機，不是想辦法撞破那面障礙，而是乖乖束手就擒、放棄求生，這是多麼愚蠢，又多麼叫人惋惜的行為啊！

要知道，人生中的災難常常不會是死路一條，而是一個重新發現自己，重新評估自己、檢視自己「能與不能」的絕佳機會。

因此，遇到困境時，千萬別輕易低估自己，不妨試著奮鬥到最後一刻，重新發掘自己體內潛藏的潛能！

別讓恐懼擊倒你

> 很多時候，熄滅人類生命之火的不是那些病痛
> 與災難，而是我們自己內心的軟弱。

法國哲學家盧梭曾經說過：「人要是懼怕痛苦、懼怕不測、懼怕生命的危險和死亡，他就什麼也不能忍受。」

一個什麼也不能忍受的人，能夠面對什麼挑戰？接受什麼考驗？恐怕在最後的結果來臨之前，就先判了自己死刑了。

說到死，這個世界上有誰不怕死？

但人要是對於死亡過分懼怕，有的時候反而會將自己往「死」更推進一步。

話說地獄的閻羅王年終結算，發現這個年度人死得太少，數量大大不足。於是，他派出幾名大使，到不同的國家去「索命」。

瘟神大使奉命到一個島國，此次的任務是招五千條人命。出發前，閻羅王還特別叮嚀：「你這次去，務必要收到五千條人命，一條都不能少！」瘟神大使點點頭，便出發了。

幾週後任務完成，瘟神大使打道回地獄。

沒有想到在回程中，他和另一位大使擦肩而過，對方忍不住對他豎起大拇指，並說：「喂，你很行嘛，我在另一個國家看到

新聞，你奪走的人命遠不只五千條，總共有五萬條哪！」

「嗯，」瘟神大使回答：「真是冤枉，我真正取走的人命，只有五千條，其餘都是『恐懼』取走的。」

故事裡的「瘟神」，可以是一種病，也可以是天災、人禍、戰爭⋯⋯不論它是什麼，「恐懼」都會與它如影隨形，奪走與它相等，甚至更多的人命。

人跟其他動物不同的地方，在於人有一顆聰明的腦袋；但也因為這顆腦袋，人學會了「自己嚇自己」、「自己否定自己」，學會了「放棄」與「絕望」。因為害怕慌亂，讓我們不由得自動繳械投降。

「恐懼」會麻痺神經，消磨鬥志，讓我們在開跑的槍聲還沒響之前，就先跌倒在跑道上，再也爬不起來。恐懼讓我們將自己的雙手反綁，消極等待最壞的結局來臨。

別讓恐懼把我們的意志力奪走，別忘了，很多時候，熄滅人類生命之火的不是那些病痛與災難，而是我們自己內心的軟弱。

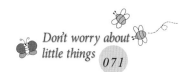

有競爭，才有精采人生

競技的永恆與美麗就在於一定會有輸贏，但卻
不會有永遠的贏家跟永遠的輸家。人生唯有勇
於接受挑戰，才會更精采可期！

德國詩人歌德曾經寫下這樣的詩句：「流水碰到牴觸的地方，
才會把它的活力解放。」

同樣的，唯有處在競爭的環境當中，人才能將自己的能力釋
放出來。如果不把自己放在那樣的環境裡，不給自己一些激發自
己潛能，讓自己全力向前的機會，很可能絕大部分的人就會選擇
原地踏步、不再努力了。

女兒第一次將男朋友帶回家，父親在客廳裡迎接他們，陪著
女兒和男朋友，天南地北的聊著。

父親問女兒的男友：「你喜歡打球嗎？」

男朋友誠實回答：「不，我不是很喜歡打球，我大部分的時
間都用來看書或是聽音樂。」

父親又問：「你喜歡看田徑或是球類競賽嗎？」

男朋友：「不，對於這些競賽性的活動我沒什麼興趣。」

男朋友離開後女兒問父親：「爸，你覺得這個人怎樣？」

父親回答：「如果只是和他做朋友我不反對，但如果妳想嫁

給他，我是堅決不會贊成的。」

女兒訝異地問：「為什麼呢？」

父親答道：「一般人養黃鸝鳥，絕不會將黃鸝鳥關在自家的鳥籠裡，主人會帶到茶館，那兒有許多的黃鸝鳥。新的鳥兒在茶館聽到同類此起彼落的鳥鳴聲，便會不甘示弱，也引吭高歌。這是養鳥人訓練黃鸝鳥的訣竅。」

女兒問：「但這和我的男友有什麼關係呢？」

父親說：「養鳥人刺激黃鸝鳥競爭的天性，訓練黃鸝鳥展露優美的歌聲，若是沒有競爭，這隻黃鸝鳥可能就終生啞了，不能發出任何叫聲，這是因為沒有其他的鳥兒與他比較。」

女兒似有所悟地點點頭。

父親繼續說道：「妳這位男朋友，既不運動，也不喜歡運動，也不喜歡競爭、球賽，幾乎排斥一切競賽性的活動，我認為，這樣的男人將來恐怕難以有所成就。」

女孩的父親也許犯了「以偏概全」的毛病，不過，我們寧願相信，這是以他的經驗所歸納出來的「閱人之術」。

人都有惰性，很容易安於現狀，如果沒有受到刺激，就算身為獅子，大部分的人也會選擇做一隻沉睡中的獅子。

運動和競技的永恆與美麗就在於，一定會有輸贏，但卻不會有永遠的贏家跟永遠的輸家。唯有彼此競爭、彼此激勵，才能夠將紀錄一而再、再而三地打破，將人的極限不斷地向上提升。

我們不一定要成為運動員，但卻不能不用運動員的精神勉勵自己。千萬別做不會叫的黃鸝鳥，勇於接受挑戰刺激，人生才會更精采可期！

譏諷只會讓人更容易退縮

沒有人喜歡被別人潑冷水，因而我們也要用相同的標準要求自己，學著少點譏諷，並儘量成為懂得適時遞上熱毛巾的人。

一個成功的人，往往有著無比堅強的心境；一個失敗的人，則容易困在煩惱的框框裡作繭自縛。

每個人，一生當中一定要努力避開一種人，就是那種時常潑你冷水的人；也一定要記得感謝一種人，就是那種不時為你聲援、為你鼓勵的人。

有個媽媽在廚房洗碗，聽到小孩在後院蹦蹦跳跳玩耍的聲音，便對他喊道：「你在幹嘛？」

小孩回答：「我要跳到月球上！」

出乎意料之外，這位母親並沒有潑小孩冷水，罵他「小孩子不要胡說」或「趕快進來洗乾淨」之類的話。

她只是告訴他：「好，不要忘記回來喔！」

有這樣的媽媽，可以說是十分幸運的。因為，孩子會知道，不論自己做什麼，媽媽都會給予支持，不會用「現實」當做沉重的鎖鏈，一意要把他拉回地球的表面。

　　爸媽是怎麼樣的人，或許沒得選擇，不過在自己能夠選擇的範圍裡，我們依舊可以儘量試著給自己多一點「騰空飛翔」的力量與夢想。

　　經營大師卡內基的太太就曾經說過：「老是對丈夫說：『你無論如何都不會成功』，只會使這句話更快實現而已。」

　　這話說得一點也沒錯。只會用「別再做夢了」取笑對方，潑對方冷水，只會將最親密的人往失敗的路上推去。

　　偏偏，很多人就是忍不住一面這樣對待對方，一面在對方失敗之後跟他說：「看吧！我早就跟你說過了！」

　　要知道，沒有人喜歡被別人潑冷水，因而，我們也要用相同的標準要求自己，不但要學著少點譏諷，還要儘量成為懂得在適當時候遞上熱毛巾的人。

　　別忘了，一句「我相信你可以辦得到！」真的能夠帶來力量和奇蹟。

PART 4

別讓不如意干擾情緒

當天不從人願的情形發生時，

就不應該把這種情形稱作失敗，

只有當自己放棄的時候，才叫做真正的失敗。

分享的果實，格外甜美

懂得感恩的人，才能得到真正的肯定和讚美；
學習和他人分享成功，那麼成功的果實才會加
倍甜美！

在今天這種以利己為優先的現代社會，不只付出之時得斤斤
計較，甚至還會以利害的有無，來區分彼此間的關係。

如果，每個人都吝於付出和分享的話，那麼我們如何能得到
別人的幫助？我們又怎麼能獲得分享的喜悅呢？

十五世紀時，紐倫堡附近的一個小村莊裡，住著一戶姓杜勒
的人家。這戶人家有十八個孩子，所以當金匠的父親幾乎得不眠
不休地工作，才能讓全家人獲得溫飽。

儘管家境如此貧困，但是杜勒家最年長的兩兄弟卻都渴望當
個藝術家。他們都很清楚，父親在經濟上絕對沒有辦法供應他們
到紐倫堡的藝術學校去學畫，想要學畫，他們兩個人只能靠自己
想辦法。

兄弟兩人經過無數次的討論之後，最後選擇以擲硬幣的方式
來決定誰先去學畫。他們是這麼計劃的：輸的人要到礦場去工作
四年，用他的收入供給到紐倫堡上學的兄弟；而獲勝的人則可以
在紐倫堡讀四年書，然後再用他賣出作品的收入，支持另外一個

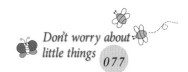

兄弟上學。

在一個星期天，做完禮拜之後，兄弟兩人擲了硬幣，結果是阿爾勃勒希特贏了。於是，阿爾勃勒希特便高高興興地離家到紐倫堡上學，另一個兄弟艾伯特則先到礦坑去工作，並且往後的四年都必須資助阿爾勃勒希特。

阿爾勃勒希特的才華很快地便引起了人們的注意，從紐倫堡大學畢業時，他的作品已經帶來了相當可觀的收入。

為了慶祝阿爾勃勒希特衣錦還鄉，杜勒一家準備了豐盛的大餐歡迎他回來。

在餐桌上，阿爾勃勒希特對艾伯特說：「現在，艾伯特，你可以去紐倫堡實現你的夢想了，今後輪到我照顧你了。」

誰知，聽到這些話的艾伯特，淚水緩緩地從臉頰流下，哽咽著說：「已經不可能了。」

原來，這四年粗重的礦工生活使艾伯特的手產生了巨大的變化。他的每根手指至少都受過一次骨折，現在更受到關節炎的折磨，如今的艾伯特，連拿酒杯都很困難了，更不用說拿筆在畫布上畫出精緻的線條了。

對艾伯特來說，自己的夢想已經不可能實現了。

阿爾勃勒希特知道後，忍不住捧著艾伯特的雙手痛哭失聲。為了報答艾伯特的犧牲，阿爾勃勒希特便將艾伯特那雙飽經磨難的手用心地畫了下來，而這幅畫，也就是日後舉世聞名的傑作——《手》。

一個人的成功，背後往往有許多人的付出和犧牲，因此，功成名就後應該時時懷著感恩的心情。

　　很多人談到自己的成功歷程時，常常會強調自己的努力，以及一路所遭遇的挫折和阻力，但是他們卻忘記了倘若沒有家人的支持，怎麼會有繼續前進的動力？沒有朋友的激勵，他們怎麼能走過那段不如意的歲月？

　　懂得感恩的人，才能得到真正的肯定和讚美；學習和他人分享成功，那麼成功的果實才會加倍甜美！

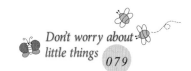
你的眼睛長在背上嗎？

若沒有漫長的努力，成就也不會憑空出現，只
有努力再加上毅力，成功才會在不經意的時
候，出現在堅持的人面前。

人們常常會引用蘋果落在牛頓頭上，導致他發現萬有引力定
律的例子，來說明偶然對事件的影響力。

不過，我們卻忽略了最重要的一點：在蘋果落下之前，牛頓
並不是癡癡地在樹下等待著，而是累積了許多年的研究，才會從
中得出這個眾人都無法想到的結論。

更重要的是，他具備了科學方面的天分和敏銳的洞察力。

人們總會有這種刻板印象，認為成功人士的所做所為一定都
很了不起。其實，像牛頓這些擁有創見的科學家們，他們所研究
的，都是一些日常生活中所發生的現象。

唯一不同的，就是他們能從這些大家都知道的普遍現象中，
看到不平凡的內在或關聯。

所羅門王曾經說過：「智者的眼睛長在頭上，愚者的眼睛卻
長在背上。」

只有具備洞察力的人，才能穿透事物的表象，深入到事物的
內在結構和本質，並且透過觀察比較，發現各種事物內在的差異

和價值。

例如，在伽利略之前，很多人都知道懸掛的物體會有節奏性來回擺動的特性，可是卻只有伽利略能從這種現象中看出其價值，並且歸納出一般人所無法得到的結論。

十八歲的伽利略在比薩教堂中，看到懸掛的油燈來回盪個不停，於是因此想出了計時的辦法。

從此之後，經過五十年漫長的潛心鑽研、探索，伽利略終於成功地發明了鐘擺，而且這項發明對於精確計算時間和從事天文研究，都產生了十分重大的作用。

還有一次，伽利略偶然間得知一位荷蘭眼鏡商發明了一種儀器，透過這個儀器，人們可以清楚地看見遠方的物體。

這個消息促使伽利略開始研究這一現象背後的原理，並且讓他成功地發明了望遠鏡，從而奠定現代天文學的基礎。

堅強的意志、努力工作和等待機遇，是通往成功的三大基礎。

法國科學家巴斯德就曾說過：「字典裡最重要的三個字是：意志、工作與等待。我要在這三個基礎上建立我成功的金字塔。」

所有的發明，都不可能是因為漫不經心的觀察就可以發現的。

有些人將自己的成功歸功於偶然的機遇，但不可否認的是，若沒有之前漫長的努力，這些成就也不會憑空出現。

只有努力再加上毅力，成功才會在不經意的時候，出現在堅持到最後的人面前。

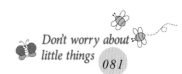
別讓不如意干擾情緒

當天不從人願的情形發生時，就不應該把這種
情形稱作失敗，只有當自己放棄的時候，才叫
做真正的失敗。

一旦遇到計劃不如預期、成績不好、工作不順、失戀……等
等情況，很多人便認定了這些事就代表了失敗。

其實，很多事情根本稱不上失敗，頂多只能說是天不從人願
而已。

有一家人高高興興地出國旅行，整個旅途上都很平安順利，
大家也都玩得很愉快。

沒想到返抵國門後，正準備從機場回家的時候，在高速公路
上竟遇上了一場很嚴重的連環大車禍。

雖然全家人都很幸運沒有受傷，但因為車禍的關係，延遲了
六小時才回到家。

好不容易回到家，全家人原本陶醉在旅行之中的愉快氣氛，
早已蕩然無存了。

他們不斷向前來家中拜訪的親朋好友抱怨自己的倒楣，反而
對旅途中發生的趣事隻字不提。

這時候，在一旁靜靜聽著抱怨的老奶奶開口說道：「這有什

麼倒楣的？遇到這麼大的車禍，死傷又這樣慘重，一家人都還能安全地回來，這已經是很大的福氣了。」

有位知名的激勵作家曾說：「當我們面對困境所做出的反應，到底是繃緊神經，還是輕鬆面對比較有效？」

正確的答案當然是選擇輕鬆面對，因為，只要我們能用輕鬆的心情面對困境，就能消除無謂的緊張，讓自己表現得更好。

當天不從人願的情形發生時，就不應該把這種情形稱作失敗，更別因此而產生負面的情緒和負面的想法，因為，只有當自己放棄的時候，才叫做真正的失敗。

其實，許多不順遂的事情充其量也不過是不完美的結果而已。

再怎麼成功的人，也會有徒勞無功的時候，但這些人不會將徒勞無功視為失敗，而是視為不如人意的結果，並且坦然面對，累積這些「結果」，達到最後的成功。

要努力，還要有毅力

成功不只需要努力，還要加上決心及毅力，就算努力之後無法達到自己想要的結果，但至少能夠奠定更紮實的基礎。

歷史上許多著名的人物，在成功之前，都曾付出過不為人知的努力，這些努力的過程甚至可以用「拼命」來形容。正因為他們付出了這麼多，所以才能得到眾人所不及的成就。

英國細菌學家歐立然，在研製消滅人體內的錐蟲和螺旋體病原蟲藥物的過程中，幾個晚上徹夜不眠是家常便飯。真的累到受不了的時候，就用書當枕頭，和衣躺在實驗室的長椅上小睡片刻，醒來後，再接著繼續工作。

這樣持續了許多年，最後才終於研發出六百多種藥物。

俄國詩人馬雅可夫斯基在寫《多斯塔之窗》時，也是夜以繼日地寫作，不浪費任何一點靈感。疲倦的時候，就用劈柴當枕頭，因為劈柴不舒服，所以才能讓自己不至於睡得太久。

正因為如此，所以他才能擁有比一般人還要多的時間，做出一般人所做不到的事情。

科學家牛頓也是如此。牛頓有一次請朋友吃飯，朋友已經到了，僕人也把飯菜都擺好了，可是卻遲遲不見主人牛頓的蹤影。

原來，牛頓突然想到一個問題，所以又躲進實驗室裡做實驗了；一進入實驗室後，牛頓就忘記了外界的一切，更忘了請朋友吃飯這件事了。

朋友知道牛頓的習慣，自己吃完飯後便告辭走了，而牛頓一直等到得出了實驗結果後，才滿意地走出實驗室。

等他來到餐廳，看到朋友吃剩的飯菜時，還莫名所以地說：「我還以為要吃飯了呢，原來我已經吃過了！」

很多人才剛剛付出，就急著期待看到成果，一旦發現結果不如預期，便立刻想要放棄。

這樣的人是永遠不可能成功的，因為成功不只需要努力，還要加上決心及毅力，就算努力之後無法達到自己想要的結果，但至少盡了全力，不只對得起自己，也能夠為下次的成功，奠定更紮實的基礎。

藉口，只會證明你的懦弱

在一個沒有勇氣嘗試的人眼中，做任何事情都是危險的，只有願意嘗試的人，才能從危險中看出樂趣所在。

當一個人不願意做某件事的時候，任何稀奇古怪的藉口都會出現；而這些各式各樣的藉口，其實都是為了隱藏自己沒有勇氣接受挑戰的心。

湯姆斯住在英格蘭的一個小鎮上，他從來沒有看過海。有一天，他終於有機會來到海邊，可是那天因為天氣的關係，海面上波濤洶湧，並且籠罩著大霧。

看到這個情形，湯姆斯心想：「幸好我不是一個水手，當水手真是太危險了。」

後來，湯姆斯在岸邊遇到一個水手，兩個人開始交談起來。

湯姆斯不解地問水手：「你為什麼會喜愛大海呢？海水那麼冷，而且還瀰漫著大霧。」

水手回答：「海不是每天都這樣的，它也有美麗的時候。」

湯姆斯又問：「可是，當水手不是很危險嗎？」

水手耐心地解釋：「當一個人熱愛他的工作時，他是不會想到危險的，而且我們家每一個人都愛海。」

湯姆斯很好奇地問：「那你的家人呢？」

水手回答：「我的祖父、父親和哥哥都是水手，而且都因為在海上發生意外而過世了。」

湯姆斯同情地說：「如果我是你，我一輩子都不會靠近海。」

水手反問湯姆斯：「那你願不願意告訴我，你的父親和祖父到底是在哪裡過世的？」

湯姆斯回答：「他們都是在家裡斷氣的。」

「照你的說法，如果我是你的話，」水手說：「我是不是應該永遠也不要回家了？」

在一個沒有勇氣嘗試的人眼中，做任何事情都是危險的，只有願意嘗試的人，才能從危險中看出樂趣所在。

如果你真的不願意勇往直前，不妨直接承認而不要假借各種藉口，藉口越多，只不過越證明你的懦弱而已，坦率的承認，還比較光明磊落，也比較能得到他人的認同。

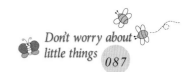

別繼續當個自暴自棄的傻瓜

回頭需要無比的勇氣，也許我們無法在第一時間回頭，但是只要願意，重新出發是永遠都不嫌晚的。

不管你過去多麼墮落或消沉，只要你願意改變，就一定來得及。就算你曾經對不起很多人，無法獲得別人諒解，但是在你回頭的時候，你至少開始對得起自己。

吉姆從小就不是一個乖孩子，偷東西、打架樣樣都來，久而久之，他的人生離正途越來越遠。

剛開始時，吉姆一點都不會感到內疚，但是隨著犯罪的次數越來越多、越來越頻繁，他積累的內疚感也越來越深。終於，這種掙扎的情緒讓他在一次持槍搶劫的行動中失手，被抓進了監獄。

吉姆在監獄裡，下定決心要重新做人。從監獄獲釋後，吉姆結了婚，搬到了加州，並且開了一家從事電子諮詢的小店。

可是好景不常，有一天一個陌生人來找吉姆，要吉姆用電子裝置協助自己犯罪。龐大的利潤吸引了吉姆，就這樣，他又開始了犯罪生涯。

吉姆變得很富有，錢似乎多得花不完，而這個情況也讓他的妻子開始產生懷疑。妻子想知道這些錢的來源，但是吉姆不肯說，

兩人因此大吵了一架，於是吉姆煩悶地走出家門，在街上無意識地到處遊蕩。

走著走著，吉姆不知不覺地走到公園。他看到公園裡有很多人聚集，一時好奇，便跟著擠進人群中。原來是牧師在佈道，才聽了不久，吉姆便感到十分煩躁不安，因為他覺得牧師似乎是在跟他講話。

聽完了牧師的講道之後，吉姆決定向警方自首。

現在的吉姆，經常在全國各地進行演說，將自己的經歷說給每一個人聽，特別是他決心自首那天的情況。每次說到這裡，他都會這麼形容：「我找到了回頭的勇氣。」

決心和意志力可以改變一個人，這是大家都明白的道理，但卻不是每個人都可以做到的事情。尤其是遇到失敗或挫折的時候，怨天尤人的人，永遠比重新再來的人還要多得多。

回頭需要無比的勇氣，也許我們無法在第一時間回頭，但是只要願意，重新出發是永遠都不嫌晚的。只要肯下定決心，美好的人生仍然會在你前進的路上等著你！記住，千萬別繼續當個自暴自棄的傻瓜。

用信念改變命運

受到挫折時，歸咎於命運是很多人會尋找的藉口，但是別忘了，就算挫折真的是命中注定，你的信念和意志，仍然可以改變挫折的結果。

在快速而又邋烈變遷的時代，許多人都曾對自己的未來感到不確定，覺得命運似乎不是自己可以控制的。

但是，無論外在的環境怎麼改變，只要自己的信念和意志不變，命運的控制權還是掌握在自己手裡的。

一九五五年，十八歲的金蒙特已經是全美國最年輕，也是最受喜愛的知名滑雪選手。

她的名字出現在大街小巷，她的照片也成為各大雜誌的封面，美國人民都看好金蒙特，認為她一定能替美國奪得奧運的滑雪金牌。然而，一場悲劇卻使金蒙特的願望成了泡影。

在奧運會預選賽最後一輪的比賽中，因為雪道特別滑，金蒙特一不小心就從雪道上摔了下去了。

當她從醫院中醒來時，發現自己雖然保住了性命，但是，肩膀以下的身體卻永遠癱瘓了。

金蒙特十分努力地想讓自己從癱瘓的痛苦中跳出來，因為她知道，人活在世界上只有兩種選擇：奮發向上，或是從此意志消

沉。最後，金蒙特選擇了奮發向上，因為她對自己的能力仍然堅信不疑。

有好幾年的時間，她的病情處於時好時壞的狀況，但是她從來沒有放棄過追求有意義的生活。

幾經艱難，金蒙特學會了寫字、打字、操縱輪椅和自己進食，同時她也找到了今後人生的新目標：成為一名老師。

因為她的行動不便，所以當她向教育學院提出教書的申請時，系主任、校長和醫生們都認為，以金蒙特的身體情況，實在不適合當老師。

可是，金蒙特想要當老師的信念十分堅定，並沒有因為遭到歧視和反對就宣告放棄。她仍然持續地接受復建治療，也不斷地努力唸書，終於在一九六三年獲得華盛頓大學的教育學院聘請，完成她想當老師的願望。

雖然金蒙特沒有辦法得到奧運金牌，但是她鍥而不捨的意志力，已為她的人生贏得了最寶貴的金牌。

在遭受到這麼大的打擊之後，就算金蒙特選擇自怨自艾地度過餘生，應該也沒有人忍心苛責她。可是，她並沒有選擇頹唐，她願意接受眼前的事實，並且尋找另一條出路，於是在她的堅持之下，命運最後還是操縱在她的手裡。

受到挫折時，歸咎於命運是很多人會尋找的藉口，但是別忘了，就算挫折真的是命中注定，你的信念和意志，仍然可以改變挫折的結果。

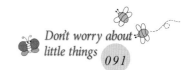

踏出實實在在的第一步

做任何事，最困難的往往就是那第一步，只要能跨出第一步，接著就只要一步一步地走下去就可以了。

任何成功的事物，一開始都是微不足道的，就跟小孩子慢慢長大成人一樣，沒有人能省略這個過程。

如果硬是妄想一步登天，那麼結果若不是摔得很慘，便可能是一敗塗地、永無翻身的機會了。

國外媒體曾經有過這麼一個百萬富翁的報導。

這名富翁原本是一個乞丐，他的財富都是靠別人的施捨得來的。寫這篇報導的記者剛開始非常懷疑，一個每天依靠人們施捨的人，怎麼可能擁這樣鉅額的存款？

經過查證後，記者才發現，原來這些存款都是乞丐每天乞討得來的。

他把零錢慢慢累積起來，從一分錢到一塊錢，接著十塊錢、一百塊錢、一直到一百萬。

金氏世界紀錄上曾經有一位六十三歲的老婦人，創下徒步從紐約走到佛羅里達州邁阿密的紀錄。

老婦人長途跋涉，克服了重重困難終於到達了邁阿密，有位

記者去探訪老婦人，想知道她到底是如何鼓起勇氣，決定徒步旅行的，問她難道她不認為這是一件既辛苦又困難的事嗎？

老婦人微笑地回答記者說：「走這麼遠的路的確是需要勇氣的，可是走一步路卻不需要任何勇氣也可以辦得到。我就是抱持著這種心態，把很遠的路當成一步一步來走，就這樣，現在的我才能站在這裡。」

美國作家德萊塞說：「只要抱著希望，成功就有實現的一天。」

對自己追求的人生目標充滿希望，是支撐一個人奮鬥下去的支柱，對自己充滿信心則是激發潛能，追求幸福的動力。

「萬事起頭難」，做任何事，最困難的往往就是那第一步，只要能跨出第一步，接著就只要一步一步地走下去就可以了。

但是，如果第一次步跨得太大，那麼後來不是因為筋疲力盡而放棄，就是因為摔得傷痕累累，心生膽怯而放棄。

所以，在跨出第一步的時候，別心急，也不要貪心，實實在在地踏出第一步，那麼後來的步伐才能更穩健，也才可以避免半途而廢的遺憾發生。

沈得住氣，才能挑對時機

沒有經過時間考驗，

再怎麼精明能幹的人也可能會看走眼；

只有平心靜氣地等待，才能日久見人心；

只有經過光陰歲月的沉澱，

才能過濾掉殘渣，留下精華。

先找對位置，再做對的事

> 如果你想要學會游泳，那麼在陸地上怎麼努力
> 也沒有用；如果你想要飛，那麼天空才是你應
> 該去的地方。

從一無所有到無所不有，幾乎是每個人共同的夢想。

有的人美夢成真，有的人卻一輩子都只是在做夢，主要是不知道通往夢想的梯子，是要靠自己親手打造的。

事實上，人生過程中最重要的，就是對未來抱持希望，找對位置做對事。

這是一個富翁白手起家的真實故事。

很久以前，有一位男子在農場裡工作。

他非常貧窮，一年中幾乎有半年的時間是赤著腳；連雙鞋都買不起，更別說有剩餘的錢買件外套過冬了。因此，他很討厭農場的工作，一心想要做個買賣東西的商人。

他知道如果繼續待在農場裡，這個願望一輩子都只是個夢想。於是，他決定離開農場，騎著一匹老弱的病馬進城，沿路還挨家挨戶地向店舖詢問，想要當個小店員謀生。

然而，他一副不折不扣鄉巴佬的模樣，根本沒人願意僱用他。

在城裡流浪了幾天，他終於找到第一份工作，一家小食品店

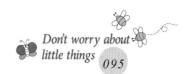
請他當店員。不過，由於他完全沒有經驗，店裡不發給他工資，僅僅提供基本的食宿而已。

又過了不久，他找到一份布料店的工作，但是，老闆認為他資歷太淺，不夠資格接待客人，還命令他每天大清早得到店裡升火，然後清潔店面的裡裡外外，加上洗窗子、送貨，而且半年內不能領薪。

他並沒有為此感到不公，只是恭敬地表示，他在農場工作了十年，好不容易才存了五十塊美元，這些錢只夠維持三個月的生活費，所以他請求從第四個月開始，每天付他日薪五角以供生活所需。

老闆被他誠懇的語氣打動，答應他的請求，但條件是每天必須工作十五個小時，也就是每小時的工資只有三分錢，還不夠買一塊麵包！

但是，這個男子的事業就這麼開始了。

在布料店辛苦工作一年後，他用借來的三百塊美金，開設一家每樣東西都只賣五分錢的商店，實現他想成為商人的願望。

十幾年後，他成了全美第一的企業家，建造當時世界最高的大樓，就是位於紐約的伍爾斯大廈。

富蘭克林曾經這麼說過：「希望是生命的源泉，一旦失去了它，生命就會立即枯萎。」

其實，即使一個最困苦、最卑賤、最為命運所屈辱的人，只要還抱有希望，依然可以讓心中的陽光燦爛，因為他對自己充滿了信心。

每個人有自己的人生目標和方向，但是在出發之前，你真的

認清自己所處的位置了嗎？

　　如果你想要學會游泳，那麼在陸地上怎麼努力也沒有用；如果你想要飛，那麼天空才是你應該去的地方。

　　先找到對的位置，再做對的事。

　　只要認清自己的位置，種種酸甜苦辣你就能夠甘之如飴，因為你知道自己要的是什麼，更知道你自己是誰。

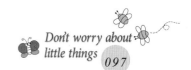

對準目標，集中力量

壓力等於重量除以面積，花費同樣的力氣，面積越小效果也就越大。集中你的力量，你命中目標的機率才會更大。

同樣的條件，同樣的大環境，為什麼就是有人跑得比你快，成績比你好，成功得比你早？

你們的裝備、資源都一樣，付出同樣的時間、精力，收穫卻大相逕庭，差別究竟在哪裡？

差別就在於，他看到的世界和你不一樣！

一位父親帶著三個兒子到草原上獵殺野兔，他們走了好久的路，終於到達目的地，然後又花了一些時間，把一切準備妥當。

開始行動之前，父親向三個兒子提出一個問題：「我們來這裡的目的是打獵，請問你們看到了什麼呢？」

老大自告奮勇，率先回答：「我看到了藍天白雲，我們握在手裡的獵槍、在草原上奔跑的野兔，還有一望無際的綠地。」

父親搖搖頭，失望地說：「不對。」

老二想了想，回答得更加謹慎：「我看到了爸爸、大哥、小弟、獵槍、野兔，還有在我們眼前的這片大草原。」

父親又搖搖頭，嘆了一口氣說：「不對。」

　　至於老三的回答只有短短的一句話，只見他用堅定的語氣對父親說：「我看到了野兔。」

　　此時，父親終於一展愁眉，笑著說：「你答對了！」

　　如果你的目標是野兔，那就只需瞄準野兔，掌握時機，扣下板機。周圍的事物根本不值得你花一絲一毫心力，只有野兔才是你的目標，不是嗎？

　　一般人常常犯的一個錯誤，就是容易被其他事物分散注意力。想要用功讀書，卻忍不住把玩一下桌上的筆；想要趕快登上山頂，卻又一邊走一邊留意沿路的風景；想要成功，但是又覺得錯過一些娛樂太可惜。

　　所以，同樣的裝備、同樣的資源、同樣的時間和力氣，為什麼你總是落後人一大截？現在你知道原因了吧！

　　壓力等於重量除以面積，花費同樣的力氣，面積越小，效果也就越大。集中你的力量，你命中目標的機率才會更大。

被拒絕未必不能再嘗試

其實，事情根本沒那麼嚴重，一次不行，還有下一次；你離目標只差一哩，何必因此而停下腳步呢？

被拒絕的滋味當然不好受，但是，每個人一生中，總免不了會碰上遭到別人拒絕的情況。

「被拒絕」只是代表這次不行，並不表示你下次不可以再來；想要站上成功的巔峰，最重要的一件事，就是看清楚前面有石頭擋路，仍然要往前走。

在早期的美國，生活最窮困的莫過於黑人；約翰遜出生在美國一個貧寒的黑人家庭中，二十三歲時，他把家裡的家具抵押，借到五百塊美元的貸款，獨自在芝加哥開辦一家雜誌社，作爲事業的起點。

約翰遜出版的雜誌名爲《黑人文摘》，創刊之後銷路不佳，經過一番深思熟慮，他決定集合一系列以「假如我是黑人」爲題的文章，作爲這本雜誌第一次出擊的宣傳。

約翰遜想到，若是能邀請羅斯福總統的夫人來寫這樣一篇文章，不僅對廣泛的大衆十分具有號召力，還可以爲雜誌奠下穩固根基，於是，他就提筆給總統夫人寫信。

　　過了幾天，羅斯福總統夫人回了信，信上說她太忙，沒有時間寫，但是，她並沒有說不願意寫。

　　因此，過了一個月，約翰遜又給她寫了第二次信。這次，她仍然以事務繁忙爲由，婉拒約翰遜。

　　不過，約翰遜並不打算就此放棄，他每個月都寫一封信給總統夫人，但她卻總是回信說連一分鐘空閒都沒有。

　　約翰遜絲毫不以爲意，他認爲總統夫人的問題只是「現在」沒有時間。

　　他想，如果不斷寫信給她，總有一天，她會有時間的。

　　幾個月以後，約翰遜在報上看到總統夫人來訪芝加哥的消息，覺得這是千載難逢的機會，立刻就發一份電報給她，還是詢問她是否願意在這個時候，爲《黑人文摘》寫一篇文章。

　　總統夫人收到電報時，因爲人在外地，正好有一點餘暇，於是答應約翰遜的請求，把她的想法用文字表達出來。

　　總統夫人的文章刊登在《黑人文摘》上，使得這份雜誌的發行量在一個月內由五萬份增加到十五萬份，約翰遜的事業也因此一炮而紅。

　　陷入困境之時，最正確的做法，就是改變自己一成不變的消極想法和急欲放棄的念頭，用積極的想法和靈活的思維，勇敢面對眼前的困境。

　　因爲，「成功」往往就在「失敗」的轉角處，當你面臨失敗的時候，只要肯稍微改變一下晦暗的念頭，就能夠讓自己成功地出頭。

　　美國作家威特勒在《成功的關鍵態度》中告訴我們：「生活

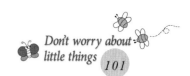

中的那些逆境和失敗，如果我們把它們視為正常的反饋來看待，就會幫我們增強免疫力，防禦那些有害的反應。」

在別人斬釘截鐵說「不」之前，任何回答都不代表真正拒絕，那只是「很困難」、「需要時間」、「以後再說」……等等之類的意思。

只是，我們總是在心裡負面解讀，自行把它翻譯成「不」，把「不順利」的感覺擴大成「挫折」，再把「挫折」的感覺渲染成「絕望」。

仔細想想，情況是不是這樣呢？

其實，事情根本沒那麼嚴重，一次不行，還有下一次，你離目標只差一哩，何必因此而停下腳步呢？

把埋怨的力氣化作動力

社會你無力改變，不幸已經發生，想要改變自己的八字只有重新投胎；不如省下埋怨的力氣，用心想想你還能夠做些什麼。

美國勵志作家布魯克斯提醒我：「生活中最大的危機，就是試圖逃避現實。許多事實都證明，越想逃避現實，只會讓你活得越痛苦。」

不論眼前的際遇有多悲慘，你都要選擇勇敢面對，把埋怨的力氣化作前進的動力，試著從失望的谷底發現希望的種子。

天下無難事，只怕有心人。

當你的人生處處碰壁，過得不如意時，不要怨天不要尤人，請先問問你自己，你真的用盡全力去做了嗎？

約翰今年剛升上八年級，算一算，到明年的這個時候，他就該上中學了。可是他居住的阿肯色市法律明定，黑人沒有上中學的資格。

但是，約翰的母親可不這麼認為，她下定決心，一定要讓兒子一路讀到大學畢業。

她相信只要努力，沒有什麼事是做不到的，既然阿肯色市沒有讓黑人就讀的公立中學，為什麼不到那些肯開放中學給黑人就

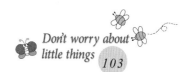

讀的城市去？

　　只是，他們家境貧寒，根本沒有足夠的錢買火車票，如何到達那些城市呢？

　　母親雖然著急，但是並沒有發愁，她拚了命地工作，無論是替人煮飯、洗衣服、打掃，只要有賺錢的機會，一個也不放過。一整年，她就這樣不分晝夜地工作，爲的只是籌措約翰讀中學的相關經費。

　　小小年紀的約翰也相當乖巧懂事，每天放學後，會先認眞地把學校的作業完成，然後就去幫忙母親洗衣、燒飯。

　　日復一日，母子倆共同爲他們的夢想打拚著。

　　一年很快就過去了，他們的路費依然沒有湊足。

　　母親對約翰說：「你就先留在八年級吧！直到我們有足夠的錢到別的城市爲止。」

　　不少人看到這位母親堅決的樣子，都在背後嘲笑他們癡心妄想；黑人沒法子上中學書讀是從以前流傳到現在的慣例，每個黑人都是這樣過來的，爲什麼還不認命呢？

　　況且，讀了書也不一定就保證出人頭地，這個孩子又看不出來有天才般的聰明才智，有必要爲他做這麼大的犧牲嗎？

　　母親對這些閒言閒語左耳進，右耳出，什麼話也沒有說；她只是努力地工作，努力地賺錢，努力地做她的夢。

　　又過了一年之後，路費存夠了，母親終於帶著約翰上了火車，迎向她們的夢想……。

　　美國前總統尼克森曾經說過這麼一段話：「對一個人來說，真正重要的，不是他的背景、他的膚色、他的種族，或是他的宗

教信仰，而是他對生命是否充滿熱情和希望。」

失敗的人通常有很多「可是」，至於成功的人，心裡卻只有「一定」。

失敗的人心有餘而力不足，他們怪社會、怪環境、怪家庭、怪風水，甚至怪自己的命運，但是，這有用嗎？

社會你無力改變，過去的不幸已經發生，想要改變自己的八字，你只有重新投胎；那麼，倒不如省下埋怨的力氣改變自己，用心想想到了這個地步，自己還能夠做些什麼。

天底下沒有做不到的事，只有那些怨嘆自己做不到的人。

沈得住氣，才能挑對時機

沒有經過時間考驗，再怎麼精明能幹的人也可
能會看走眼；只有平心靜氣地等待，才能日久
見人心；只有經過光陰歲月的沉澱，才能過濾
掉殘渣，留下精華。

大家都知道欲速則不達，但是，在這個講求速度和效率的年
代，皇帝不急又容易急死太監。那麼，快和慢之間的分寸難以拿
捏，到底什麼樣的速度，才能抓住最恰當的節奏？

公司裡調來一位新主管，據說是非常能幹的人才，專門被派
來整頓部門業務。大多數同事都非常高興，希望在新主管的帶領
下，有一個嶄新的開始。可是主管上任以後，日子一天天過去，
卻毫無作為，沒有一點動靜，甚至幾乎不邁出辦公室一步。

「這哪裡是能幹的人才，分明是個鄉愿的好好先生。」原先
抱著期待的同事們漸漸開始失望了。

沒想到四個月後，新主管卻在一天之內發瘋似地，把那些工
作成績不上不下的人一律革職，再把表現優異的人一一擢昇。

事先沒有警報，事後也沒有撫慰，人心為之惶惶，大家開始
全心投入工作，不敢有一絲怠慢。大家都知道，這個新主管不是
好惹的，表面上不說，暗地裡眼睛卻睜得比誰都亮。

年終聚餐時，新主管說了個故事給大家聽，他說：「我有個

朋友，買了一棟門前有大庭院的房子；他一搬進去，立刻就把院子裡的雜草野樹一律清除，改種自己新買的植物。

有一天，原先的屋主來訪，進門以後大吃一驚，連忙問他：『那些名貴的牡丹跑哪兒去了？』

我的朋友這才發現，他竟然把牡丹當野樹給剷除了。

後來，他又買了一棟房子，雖然院子很亂，但他卻按兵不動。

果然，冬天時以為是雜樹的，在春天開了鮮花；春天時把它當成野草的，在夏天開得花團錦簇。一直到暮秋，他才真正認清哪些是對他沒有用的植物，哪些是優秀的良木，於是，他去蕪存菁，把雜草一口氣大力剷除，讓所有珍貴的草木都得以保存。」

說到這裡，新主管舉起杯子：「我敬在座的每一位，因為你們都是這家公司裡面，經過試煉還能保存下來的珍木。」

法國文豪巴爾札克曾經在著作中寫道：「因為情緒而行事，只會莽撞草率地毀壞自己，應該讓心情冷靜下來，讓自己的頭腦更加清醒。」

匆忙做下的決定難免會有疏失，欠缺時間沉澱，往往讓人失去理智。凡事必須三思而後行，以免做出讓自己後悔的蠢事，因為，粗魯和草率的決定，都是那些失敗的傻瓜的共同特徵。

沒有經過時間考驗，再怎麼精明能幹的人也可能會看走眼。

只有平心靜氣地等待，才能日久見人心；只有經過光陰歲月的沉澱，才能過濾掉殘渣，留下精華。

太早吐氣會不小心洩了氣，太晚吐氣又變成了馬後炮。

不論做人做事，沉得住氣都是相當重要的一門功夫，最好的時機，是在繁花開盡，卻又還未凋零時。

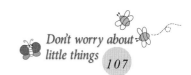

製造需要，讓魚上勾

想要釣到一條大魚，你不能只是傻傻地坐在那裡
等著收竿；更重要的是製造牠對魚餌的需求。

　　成功就像是水池中的魚，只要你用對魚餌，想要魚不上勾也
難。只是，每一種魚喜歡的魚餌各不相同，你究竟要如何才能一
一的滿足牠們的需求呢？

　　有一個推銷員號稱他能賣出任何東西，他曾經賣給麵包師傅
一個蛋糕，賣給聾子一台音響，但是有個人告訴這個推銷員說：
「那些都不算什麼，除非你能賣給熊一個防毒面具，你才算是最
優秀的。」

　　於是，推銷員不遠千里來到熊居住的森林裡。

　　「您好！」他對遇到的第一隻熊說：「這個品質優良的防毒
面具一定會非常適合您。」

　　「這裡的空氣那麼清新，我要防毒面具做什麼！」熊聽了哈
哈大笑，非常不屑地說。

　　「但是，活在這個恐怖的時代，每個人都有一個防毒面具，
如果你沒有，就表示你落伍了。」

　　「管他什麼落不落伍，我又用不著。」

於是，推銷員留下自己的名片後，就禮貌的告辭了。幾天以後，他在熊居住的森林中央建造一座工廠；當工廠建成以後，有毒的廢氣從大煙囪中緩緩升起，搞得周遭一片烏煙瘴氣，即使樹木們再怎麼努力進行光合作用，也比不上空氣被污染的速度。

不久之後，這隻熊就主動來到推銷員的住處，對他說：「現在我需要一個防毒面具了。」

「能為你服務是我的榮幸。」推銷員很高興地把防毒面具賣給了熊。

常常有人納悶地問：「我用的釣竿、魚餌都是最好的，為什麼魚群就是不上勾？」

這個問題其實很簡單，因為魚還不餓。

想要釣到一條大魚，你不能只是傻傻地坐在那裡等著收竿，更重要的是製造牠對魚餌的需求——不只是牠需要什麼，而是你要使得牠需要。

聰明人的人生之所以精采非凡，除了持續挑戰自己之外，更重要的是，他們懂得因勢利導，不斷在困劣的局勢中創造奇蹟。

不管遇見什麼棘手的事，只要你拋開僵化的思維，設法從製造需求著手，就可以順利達成自己的目的。

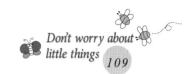

即使輸了，也要處之泰然

人生無法每一刻都如日中天，你只能珍惜輝煌的
時光，在階段性落幕時盡可能走得毫無遺憾。

輸掉某些競賽之後，我們經常自欺欺人的說：「比賽的結果
不是那麼重要，重要的是比賽的過程。」

如果輸贏眞的不重要，那麼比賽還有多少存在價值？

輸贏很重要，比你以爲的都還要重要，因此，如何面對輸贏，
也是非常重要的一門學問。

前重量級拳王傑克‧登普西曾經蟬連好幾屆冠軍，但是最後，
他還是把拳王的頭銜輸給西尼。

事後，他對朋友說出他打敗那一仗的感受：

「在拳賽進行過程中，我忽然發現我變成一個老人，畢竟我
已經在擂台上打滾好多年了。到第十回合終了，我雖然還沒有倒
下去，可是也只差一點點而已。我的臉已經腫起來，身上有很多
處傷痕，兩隻眼睛瞇成一線，幾乎無法睜開，有好幾個西尼在我
眼前不停的晃來晃去。我看見裁判員舉起西尼的手，宣布他獲勝；
那一秒鐘，我了解到，我已經不再是世界拳王。

比賽結束後，我在雨中落寞走著，穿過人群回到自己的休息

間。一路上，有些人擠過來想跟我握手，另外一些人的眼睛裡含著淚水。只是，我像個遊魂一樣，已經沒有任何一點感覺。

一年之後，我又跟西尼比賽一場，本來以為可以藉這場比賽一雪前恥，奪回拳王的寶座，但是一點用處也沒有，我再次敗在西尼手下。我知道，屬於我的時代已經過去了，我就這樣永遠地完了……要自己完全不去想這件事情實在很困難，說不在意是騙人的，但是，我一直對自己說：『我不打算生活在過去裡，我要能承受這個打擊，不能讓它把我打倒。』雖然我已經不是世界拳王，但是我還是我，我知道自己仍然可以過得很好。」

古羅馬思想家塞內卡曾經提醒世人：「打敗別人並不值得稱道，值得稱道的是打敗自己。」

在許多競賽中，成功與失敗往往只有一線之隔，勝負的關鍵就在於你是否能打敗自己患得患失的心理。

「我輸了，但是我的人生還是要繼續。」

真正的贏家不是每場比賽都旗開得勝的人，也不是永遠都能擊敗對手的人，而是即使輸了，也都還能夠處之泰然的人。

從高峰走下坡，是漫長艱辛的一個過程，你要忍受別人的指指點點，更要承受對自己一次又一次的失望，但是，每個人都會有這麼一天。

人生無法每一刻都如日中天，你只能珍惜輝煌的時光，在階段性落幕時盡可能走得毫無遺憾，然後繼續自己不再艷陽高照的人生。

雖然你不再是第一，但是你還是你自己；除了少了一些榮耀，你並沒有失去什麼。

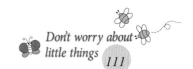
沒找到機會前別亂衝

橫衝直撞向前走並不會通往成功，當你用心欣
賞沿途每一幕景色時，反而能選中一條全新正
確的路。

好事人人愛，每個人都盼望機會從天而降，問題是當機會從
天上掉下來時，你有沒有把握能抓得住？

不要老是說自己運氣不好，別人不給你任何機會，更多時候，
不給你機會的人，事實上正是你自己。

有一位作家寫過這麼一則饒富寓意的小故事。

一個二十出頭的小夥子匆忙地在路上行走，走得相當專心，
對路旁的風景與過往的行人完全不屑一顧。突然之間，有個人在
路旁攔住他，輕聲問道：「年輕人，你走這麼快做什麼？」

小夥子頭也不回，繼續飛快地向前奔跑著，只是在越過這個
人身邊時，冷冷丟下一句：「別擋我的路，我正在尋找機會。」

轉眼間，二十年過去了，小夥子已經變成中年人。他的臉上
多了些滄桑，但是腳程不減，依然在路上行色匆匆。

有一天，路上又有一個人攔住他，問道：「喂，你走這麼快，
究竟在忙些什麼呀？」

「別擋我的路，我在尋找機會。」他還是連眼睛也不抬一下。

又二十年過去了，這個中年人已經變成一位老人，看起來面色憔悴、目光呆滯，明明已經步履蹣跚，卻還是拚了老命似地，在道路上盡可能快速地移動他的雙腳。

有一天，一個人擋住他的去路，問道：「老人家！這麼多年了，你還在尋找你的機會嗎？」

「是啊！你怎麼知道？」

當這名老頭說完這句話後，抬頭一看，不禁猛然一驚，眼淚一行行撲簌簌地掉了下來。原來，剛才跟他說話的那個人，就是機會之神的化身。他尋找了一輩子，機會之神其實就在他的身邊，是他自己一直把機會推開，叫他不要擋住自己的路。

如果你像故事主角一樣，一直這樣匆匆忙忙、莽莽撞撞地走在人生的道路上，你又怎麼能看到幸運之神在對著你招手？又怎麼能撿到地上閃閃發光的希望？

你遇到的只會是一堆惱人的壞事。

橫衝直撞向前奔走，並不會通往成功，相反的，當你仔細注意每條彎路，用心欣賞沿途每一幕景色時，反而能冷靜選中一條全新而正確的道路。

因為，你的每一腳都踏得紮實，每一步都走得穩健，因為，你把握了一路上的點點滴滴。

PART 6

何苦把往事
扛在肩膀上？

何必把往事扛在肩上不放呢？

老是想著昨天，你只會失去今天。

重要的不是你曾經做過什麼，而是你未來該怎麼做。

改變看法，就能改變事情的好壞

如果你把過錯全都推到社會或別人身上，老是
埋怨自己諸事不順、懷才不遇，那麼你又怎麼
會虛心改變自己？

心理學家威廉·詹姆斯曾經寫道：「史上最偉大的發現就是：
一件事情的好壞，可以藉由改變自己的應對態度來決定。」

這是因為，所謂的「好事」或「壞事」並不是由事情的本身
來決定，而是由我們用什麼角度看待來決定，只要懂得用不同的
角度來看事情，我們就會恍然發現，原來挫折也可以變轉折，我
們避之唯恐不及的「壞事」，也可能變成我們求之不得的「好
事」。

每個人在奮鬥的過程中，必定會遇到一些瓶頸，有的人終究
可以發現自己的問題所在，有的人卻一味責怪大環境，特別對自
己本身的不足渾然無所覺，或不想補強。

下面這則故事將要告訴你，如何找出問題根源，衝破瓶頸，
開創一片屬於自己的天空。

有一位香皂推銷員，剛開始接觸這份工作時，接到的訂單很
少，每個月的收入也十分有限。因此，他時常擔心會因表現不好
而失業，這樣的危機意識促使他極想在短期內進步。

　　他相信公司的產品和價格都沒有問題，如此一來，問題應該是出在自己身上，如果別人可以把產品賣得很好，自己為什麼做不到呢？每次被客戶拒絕，他都會仔細回想自己有什麼地方做得不對，是不是表達得不夠具有說服力？還是自己展現的熱忱不足？或是自己無法滿足客戶的需求？

　　每次失敗後，他都會徹底檢討自己，作為改進的方針。遭受到莫名其妙的拒絕時，他也不會就此罷休，他會不死心地折回去，詢問拒絕他的店家：「我不是回來要您買香皂的，我只是希望能得到您的意見與指導。請告訴我，我剛才什麼地方做得不夠好？或是哪裡做錯了？您在社會上的經驗比我豐富，事業又成功，請直接給我一點意見，不必有任何保留。」

　　就是這種認真的態度，在往後的事業生涯中，為他贏得許多寶貴的友誼和誠懇的忠告。

　　這樣不恥下問又精益求精的人才，怎麼可能會被埋沒呢？想知道他後來的發展嗎？

　　這個香皂推銷員經過多年努力，後來晉升為寶潔公司的總裁，掌管全球最大的清潔用品公司。

　　莎士比亞曾說：「事情本無好壞，一切全看你的想法。」

　　世界上沒有絕對的好事，也沒有絕對的壞事，發生在你身上的「壞事」，假如你試著用正面積極的態度看待，就可能是一件「好事」。

　　世事萬物都是客觀存在的，已經發生的事情或許無法改變，但是你可以運用正面的能量，改變事情發展的方向。只要適時調整對事情的看法，即使原來讓你懊惱不已的「壞事」，也可能會

變成「好事」。

　　想要過得更好，唯一的方法就是讓今天的自己比昨天更進步。

　　如果你一味把過錯、挫折、失敗全都推到社會、景氣或別人身上，老是埋怨自己諸事不順、懷才不遇，那麼你又怎麼會虛心改變自己？今天怎麼可能比昨天更進步呢？

　　「承認自己還不夠好」，是你追求成長的第一步，只有找出自己還不夠好的地方，你才能找到問題的源頭，徹底改變。

　　人才也許會一時被冰凍，但不會永遠的寂寞。

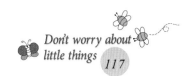
別急著對自己說「不」

很多時候，我們是因為害怕聽到別人的「不」，
所以自己先對自己說「不」，不給你機會的，其
實一直都是你自己。

在這個壞事連連的年代，每個人都會碰到失敗、挫折和打擊，
連股神巴菲特、世界首富比爾蓋茲也不例外。

萬一不幸遇到全球性的經濟風暴，或是重大失敗、挫折之後，
即將面臨的生活壓力更如排山倒海而來，於是我們看到有的人一
蹶不振，成天哀聲嘆氣，怪環境，怪景氣，怪鄰居……就是不敢
面對自己。

沒有人願意遭遇挫折，但是也沒有人可以從不遇到挫折。

既然無法逃避，那就挺身相迎，和挫折一較高下吧！那些成
功的人，有誰不是這樣過來的呢？

NBA超級明星球員麥可・喬登曾叱吒風雲，揚威體壇；無數
的球迷因他而瘋狂，他的一舉一動是許多年輕人仿效的目標。

但是，他並不是天生的籃球員，如果不是他有著堅定的意志
力，世界的體育史上也許就會少了這麼一位英雄。

麥可・喬登就讀北卡羅萊納州威明頓中學高二時，對籃球產
生莫大的興趣，每天球不離手，傾盡全力地增強自己的球技。

就在學校選拔籃球校隊時，喬登自信滿滿地去報考，但幾天後，他發現自己的名字並不在體育館張貼的名單上。

「我簡直不敢相信自己的眼睛，我不停地看，以為這樣我的名字就會出現在上面，但是並沒有。」他說。

那一整天他都失魂落魄，連自己怎麼回到家的都不知道。進了家門，他把房門關上，嚎啕大哭一場；當他把這件傷心的事告訴母親時，淚水又忍不住奪眶而出。

只是，他並沒有一蹶不振，哭過之後，他擦乾淚水，堅定地對自己說：「我不要讓自己再有這種感覺。」

從那天起，喬登更加勤奮地鍛鍊自己的球技，發誓以籃球為他的終身志業，而且不想讓自己再度承受失敗的痛苦。

在這股神奇的念力支持下，短短幾個月裡，他從五呎十寸長到六呎二寸，身高拉長了，動作卻依然靈巧。

第二年，他終於順利進入校隊，世界的籃球史註定要在一段時間之後以他為中心，展開嶄新的一頁。

成功學大師戴爾·卡耐基曾經勉勵我們：「如果自己非常想要做的事情未能成功，不要立刻接受失敗，試試別的方法，因為，你的弓不會只有一根弦，只要你願意找到另外的弦。」

你還在為小事感到痛苦與疑惑嗎？別忘了，適時讓想法轉個方向。

事實上，好事或壞事，並不是由事情本身決定，而是取決於我們觀看的角度。

用正面的角度解讀，再糟糕的壞事也會有積極的意義；如果一味用負面的角度看事物，讓你煩憂不已的壞事只會變得更壞。

　　有一名推銷員屢次去拜訪一位客戶，跑了好幾趟，這位難纏的客人始終不肯點頭。

　　有人問推銷員：「他一直不肯答應，不就表示他沒興趣，你為什麼還不放棄，把握時間去拜訪其他客戶呢？」

　　這個推銷員充滿信心地說：「因為他還沒有說『不』。」

　　通常，我們遭遇到的挫折，其實都只不過是一種考驗，既然生命還沒對你說「不」，你又何必未戰先降呢？

　　很多時候，我們是因為害怕聽到別人的「不」，所以先對自己說「不」，不給你機會的，其實一直都是你自己。

倒著看世界，會有一番新境界

同一個關卡，你無法正向跨過，那麼為什麼不
倒著試試看呢？倒著看世界，也許會有另一番
境界。

一個強調汽車性能的廣告中，前面每一部車子開進一條死巷
子之後，無不倒車轉向，只有最後一部車子，進入死巷卻一直沒
有出來。原來，它翻越了擋在前面的高牆。

如果此路不通，那就想辦法跨過去；人生的路途中有太多的
死巷，你已經準備好要跨越了嗎？

校園裡，有一群學生正在上體育課，老師要在今天的這堂課
裡考核這群小學生們，有誰可以躍過一百一十五公分的橫桿。

這道橫桿的高度大約到小學生們的肩膀，即使穿了多功能運
動鞋也很難做到；不出老師的意料，幾乎沒有一個學生成功。

後來，輪到一個十一歲的小男孩時，他不像其他小朋友連想
都不想就放馬一試；只見他站在橫桿前面猶豫半天，彷彿在思考
要怎麼樣才能跳過一百一十五公分。老師見到他一副要跳不跳的
樣子，不禁失去耐性，板起面孔，表示這根本是在浪費大家時間，
口氣不好地一再催促他立刻開始。

逼不得已，小男孩還沒理出頭緒，就匆匆忙忙跑向橫桿。情

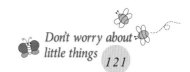
急之中，他突發奇想，在到達橫桿前的那一剎那把自己的身體反轉過來，背對著橫桿，使盡全力騰空一躍，竟然通過了！

小男孩從空中重重地跌落在沙坑裡，模樣十分狼狽，衣服上沾滿沙子，不由得有些垂頭喪氣，心想自己為了跳過橫桿居然跌了個狗吃屎，肯定會變成同學的笑柄。

他低著頭不敢見人，隱隱約約聽到旁觀同學的竊竊私語，不時夾雜著一陣陣誇張的訕笑聲。

體育老師被眼前的這一幕嚇呆了，他從未見過這種怪異跳高方法，卻出乎意料的成功。

老師微笑地扶小男孩起來，稱讚他的創新精神，並且鼓勵他繼續練習這種「背躍式」跳高。

有了老師的支持與肯定，小男孩對跳高產生莫大的興趣，時常與老師一起練習，一起研究當中的技術問題，一起改良各種跳高姿勢。

後來，這位小學生也不負眾望，在一九六八年墨西哥奧運會上，採用「背躍式」這種耳目一新的跳高姿勢，成功征服了二米二四的高度，刷新當時奧運跳高紀錄，一舉奪下了金牌。

他就是美國的跳高選手，「背躍式」跳高的發明人，享譽全球的體壇超級明星——理查德‧福斯伯。

創意是如何誕生的呢？

創意往往是走到山窮水盡，積極思考之後所激發的靈感。

同一個關卡，你無法正向跨過，那麼為什麼不倒著試試看呢？倒著看世界，也許會有另一番境界。

你的眼前或許只有一條路，但是別忘了走路的方法有很多，

每一種方法到達的終點也不盡然相同，甚至大異其趣。

這個世界沒有什麼是「一定」的，倒著走可能寸步難行，可能會跌個狗吃屎，但重要的是，你去嚐試了，有了不同的體驗和感觸。

可怕的不是事情本身，而是你看事情的角度。

當你的人生遭遇挫折、遇到瓶頸之時，唯有換個角度看待，才不至於讓事情繼續惡化，才能把眼前的障礙轉化為幫助自己成功的跳板。

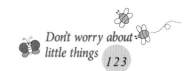

何苦把往事扛在肩膀上？

何必把往事扛在肩上不放呢？老是想著昨天，你只會失去今天。重要的不是你曾經做過什麼，而是你未來該怎麼做。

一直看著背後，當然就看不到前方，這是個人人都知道的道理，只是，遇到挫折時，這也是個最容易被遺忘的事實。

詩人作家歌德曾經說：「當我們認為絕望的時候，那恰恰是離我們希望最近的時候！」

其實，人生經常會遇到事與願違的情況，但是，當你處於逆境時，必須保持冷靜的頭腦，換個念頭，把絕望當成希望的起點，如此才可能將壞事變成好事。

一個年輕人自小遭受很多不幸，長久的不如意，使他懷疑人生的意義，於是，他不辭辛勞、千里迢迢上山，想找一位有名的大師解惑。

一見到大師，他就像看到救星般，滔滔不絕地說著：「大師！我是全世界最可憐的人，你幫幫我吧！我非常的孤獨痛苦，沒有父母，沒有親人，也沒有朋友；我找不到工作，就連唯一的一雙鞋子也在來這裡的路上磨破了；我的手關節受了重傷，身體也因為勞碌過度而生病，為什麼我總是比別人不幸？我要怎樣找到自

己心中的陽光呢?」

大師聽了,沒有回答他的問題,只是淡然問道:「你跋山涉水而來,一路上都在想著什麼呢?」

年輕人說:「我想著我從小到大遭遇過的痛苦,獨自一人的孤獨,遭受挫折時的委屈,不被人理解的寂寞……就是因為一直想著這些痛苦,我才有力量走來這裡。」

大師看著年輕人的滿面愁容,便帶他坐船過河到對岸。

上岸後,大師告訴年輕人:「不如這樣,你扛著這條船趕路吧!它在你過河時,可幫你不少忙!」

「什麼?」年輕人簡直不敢相信自己的耳朵:「這條船這麼重,我扛著它走,不是很不方便嗎?」

「是的,你扛著它會很不方便。」大師笑著說:「當你過河時,這條船是有用的,但是既然已經過了河,就要學會放下船趕路,否則,它不但再也幫不到你,還會造成你的負擔。」

大師接著對他說:「年輕人,你所經歷的痛苦、不幸、孤獨、寂寞、委屈、流淚……這些對你的人生都是有用的,如果不是它們,你哪來的今天?但是,倘使抓著它們不放,就會成了你人生的沉重包袱,你的生命又豈能承受這樣子的重擔呢?」

伊索曾經在寓言中寫道:「有頭腦的人如果夠聰明,往往會把折磨自己的小事,化為成就大事的動力。」

確實,有智慧人絕對不會為了小事鬱悶,也不會讓小事不停折磨自己。他們非但不會讓小事影響自己的情緒和想法,還會試著把小事化為成就大事的墊腳石。

改變看事情的角度,就會找到更好的出路。

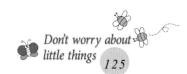

生活周遭發生的許多大小事，往往暗藏著各種生命的道理。透過這些人生啟示，我們可以得到許多寶貴的經驗，當成開創幸福未來的智慧籌碼。

美國心理學家威廉·詹姆斯曾說：「要認清事實，接受已經發生的事，是克服任何未來衝擊的第一步。」

既然都已經發生了，你就坦然接受吧！如果不是你的錯，那就不要再一直想著為什麼了。拿這些無可挽回的事情來折磨自己，你只會越想越委屈，越想越不甘心，不但於事無補，而且會干擾你前進的步伐。

逝者已矣！你又何苦把往事扛在肩上不放呢？

老是想著昨天，你只會失去今天。重要的不是你曾經做過什麼，而是你未來該怎麼做；每個人都希望日子過得一天比一天好，不是嗎？

勇敢接受事實，才是生命轉機的開始。

再害怕，也要相信自己一定做得到

弱者的害怕，是在害怕中有疑慮；強者的害
怕，是在害怕中仍然自信。

當你的敵人太過強大而讓你心生畏懼時，你該怎麼辦？

想要扭轉眼前的情勢，你必須這麼告訴自己：「雖然我心裡
害怕，但是我相信自己一定做得到。」

在恐懼的情緒下和對方全力比拚，就算僥倖勝利了，也是兩
敗俱傷；有經驗的人會告訴你，不管眼前的敵人多麼強悍威猛，
只要適時激發信心，你就能輕而易舉地戰勝他。

直昇機在高空中盤旋，一群士兵背著跳傘的裝備，站在機艙
門口，準備進行他們的第一次跳傘。

從高空中向下看，所有的景物似乎都小得不能再小，樹木像
針一樣細小，海中的小島也只有石頭般大。

從空中跳下去，命運全部維繫在降落傘上的一根根繩索上，
稍有不慎，人就會像一顆從高處落下的西瓜，腦袋開花。這群新
兵想到這一點，不由得閉上眼睛，不敢再往下想。

氣氛有點沉重，每個人連一句話都不敢多講。不久，班長用
手向站在最前面的新兵示意跳傘的動作，但是他遲遲沒有反應。

看著這位新兵臉上緊張的神情，班長貼著他的耳朵，大聲喊著：「你怕嗎？」

這位新兵遲疑了片刻，看著這一雙緊盯著他的眼睛，想到這也許是自己這一生所看到的最後一個畫面，於是，他老老實實點了點頭，小聲說：「我很害怕。」

「偷偷告訴你，我也很害怕。」班長接著說：「但是，我們一定能完成這個跳傘任務，不是嗎？」

聽了這句話，新兵的心情豁然開朗，原來連班長也會感到害怕，每個人都會害怕，自己又何必為此而羞愧呢？新兵深吸一口氣，從高空一躍而下，順利地完成首次跳傘任務；他和隊友乘著風，緩緩降落在地面上，成為了不折不扣的傘兵。

許多年以後，菜鳥變成了老鳥，每當率領著新兵跳傘，老鳥也不忘在機艙口問一句：「你怕嗎？」然後，他們會用堅定的語氣告訴新兵：「我也怕，但是，我們一定做得到。」

弱者的害怕，是在害怕中充滿疑慮；強者的害怕，是在害怕中仍然有著自信。害怕是人的正常情緒，壓抑自己的害怕只會令你更加手足無措；你可以怕，但是不能輸給眼前的敵人。

勇者並非凡事都無所畏懼，只是他們對戰勝的渴望已經壓過了心中的恐懼。同樣的，只要你試著把「害怕」的念頭轉換成「一定要成功」的決心，對你的表現會更有幫助。

不要自欺欺人地說「我不怕」，那只表示你不知天高地厚，分不清死活輕重。當你心跳加速、手心冒汗時，試著對自己說：「我怕，但是我一定做得到。」即使害怕，也要讓自己充滿自信，這樣的想法會是你最有效的定心丸。

改變別人，不如改變自己

你不能左右別人的想法，只能調整自己的心態。

再糟糕的事情也可以找到正面的應對方式。

　　失敗者最大的毛病，往往就是從來不會檢討自己，就算自己有錯，也會認為都是別人害自己犯錯。一味把矛頭指向別人，有誰敢接近他？更別說是生命中的貴人了！

　　別忘了，當你的一根手指指著別人時，其他的四根手指正在指著自己。

　　小齊十三歲時，獲選為學校的童子軍，童子軍裡層級分明，代表著不同的榮譽。在小齊所屬的小隊中，特別優秀的人會被挑選出來，隸屬於一個叫作「霹靂火箭隊」的特殊單位；他們每個人都是經過一關一關的考驗，由童軍隊友、童軍老師和童軍助教精挑細選出來的。

　　能夠成為「霹靂火箭隊」的一份子，代表「你是最棒的」，就連走起路來也會有風；凡是十三歲的童子軍，沒有一個不想要得到這樣的殊榮。

　　但是很不幸的，在那年童子軍的最後一次會議中，小齊發現自己並沒有入選第二年「霹靂火箭隊」團員的名單，偏偏他最好

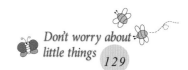

的幾個朋友都榜上有名，正興高采烈地慶祝著。

　　幾家歡樂幾家愁，這件事使小齊遭受很大的打擊，氣呼呼地跑回家，向爸爸埋怨童子軍小隊的評審不公。

　　他說，自己沒有被選入「霹靂火箭隊」是因為他默默行善、不求表現，以致無人發現，而那些被選進去的團員全都是好大喜功、引人注目。

　　最後，他還氣憤地說，這個世界根本沒有公平……

　　爸爸始終沉默地聽他說，直到他發洩完了，心情也平靜了，才緩緩開口：「也許他們沒有選到你，真的是他們的損失，但是，我要告訴你，如果你參加樂隊，在街上行進演出之時，每個人的步伐都是『左右左』，而你卻是『右左右』，那麼你怎麼可以認為是他們都踩錯了呢？」

　　父親的話給了小齊很大的啟發，到了第二年，他終於順利進入他夢寐以求的團隊。

　　激勵作家強納生經常勉勵年輕人訂定自己的人生目標，更要趁著青春年少，努力累積自己的經歷和實力。

　　他曾經在著作中這麼寫道：「成功的秘訣其實很簡單，就是不要讓空想成為自己的絆腳石，要腳踏實地努力。」

　　責怪別人很容易，責怪自己卻很難；找到藉口很容易，找出失敗的原因卻很難。

　　但是，怪別人、找藉口能改變什麼？

　　不管真相如何，地球並不是圍繞著你轉，有時積非成是、約定俗成是你無法改變的現象，若是不想順著潮流走，那就只能勇敢去證明自己，創造另一股潮流，否則你只會遭到潮流滅頂。

因為，你不能左右別人的想法，只能調整自己的心態。

打擊、挫折不斷在我們生活周遭發生，一旦不走運碰上了，人的直接反應就是忿忿不平，怪東怪西，千錯萬錯都是別人的錯。

但是，不妨平心靜氣想想，如果事實無法改變，我們難道要像小孩子一樣，一直賴在地上嚎啕大哭？

千萬別這麼幼稚，這種時候你只能選擇面對現實，努力把眼前的壞事變成好事。

記住，再糟糕的事情也可以找到正面的應對方式，癥結就在於你願不願意勇敢面對事情，願不願意勇敢面對自己。

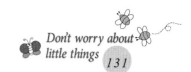

講話大聲，可以增強信心

一個人有沒有自信，除了表現在臉上的神情、言
談的氣度之外，最重要的就是聲音裡的氣勢。

有句話說「衰人有衰相」，意思是正走衰運的人都有特定的
樣貌，從言行舉止就看得出來。

簡單說，就是「衰」字寫在臉上。

如果你覺得自己諸事不順，那就有必要照照鏡子，仔細瞧瞧
自己現在是什麼模樣。

你看自己，最先看哪一部分？

而當別人看你時，你又希望表現出自己的哪一部分？

事實上，你最不在意的那部分，別人往往看得最清楚。

吳教授是企管系名師，在業界與學術界都相當吃得開，深厚
的學養與謙遜的個性為他贏得了好名聲，任何人只要拿著他的推
薦函，就像是獲得品質認證，不怕找不到好工作。

有一次，一位朋友打電話給吳教授，說他們公司急需人才，
請他推薦一位適合的人選。那時正好是鳳凰花開時，吳教授的一
位得意門生剛剛畢業，條件也相當符合，吳教授於是就讓他去朋
友的公司面試。

　　過了幾天，吳教授接到這位朋友的電話，原以為他是要通知這個學生被錄取的好消息，誰知道他竟然說：「你那位學生品行不錯，能力也還可以，但我覺得他有點內向、憂鬱，給人羞怯、沈悶的感覺，恐怕不是大將之材，所以我決定不用他。」

　　聽了朋友的話，吳教授仔細想了想，發現這個學生平常說話輕聲細語，像是在喃喃自語，自己習慣了，沒什麼感覺，但對於初次見面的人來說，倒真的會覺得不太對勁。

　　於是，吳教授向朋友拍著胸脯說：「這個學生其實是個很開朗的人，可能是因為第一次面試有一些緊張、彆扭吧！請再給他一次機會，我相信他會表現得很好的。」

　　朋友看在吳教授的面子，只好勉為其難答應了。

　　第二次面試之前，吳教授特別叮嚀那位學生，講話一定要大聲一點。

　　結果，當天晚上，朋友很高興地打電話給吳教授，說這個學生表現得落落大方，原來真的很有潛力，還不斷道謝，感激吳教授推薦這麼優秀的一個人才。

　　不走運的人，最大特徵就是嚴重欠缺信心，不管做什麼事都一副龜龜縮縮的模樣。更糟糕的是，說起話來像精神病患喃喃自語，或是小聲到只有蚊子才聽得到，讓人看了就皺眉頭。

　　如果你想擺脫衰運，增強信心，那麼，首先就必須改進自己的說話方式。

　　我們聽到宏亮的聲音，很直覺地就會認為這個人是個開朗、直率的正人君子，相反的，缺乏自信的人聲音多半是畏畏縮縮、吞吞吐吐，卡在喉嚨裡似的。聽到一個溫柔的聲音，我們聯想到

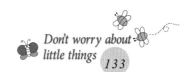

好媽媽的形象，聽到一個又嗲又軟的聲音，我們腦海中第一個想到的字眼是「狐狸精」。

我們習慣用聲音來判別一個人，別人也經由聲音判斷我們。

一個人有沒有自信，除了表現在臉上的神情、言談的氣度之外，最重要的就是聲音裡的氣勢。

或許，我們不能改變與生俱來的音色，但是，至少可以讓自己的聲音散發好氣色；想成為一個充滿自信的人，請先從講話的聲音做起。

PART 7

意志力才是成功的關鍵

世上沒有無風無浪的旅程，

也沒有不曾受過傷的船。

命運畢竟還是公平的，

最重要的決定權在於人的意志。

想太多，只會讓自己退縮

在面對第一次的時候，難免會有些猶豫、有些
「想太多」的不安，但我們只管做好準備，然
後放開自己的腳步就對了。

愛默生曾經說過：「好的思想如不付諸實行，何異於空喜一
場的好夢。」

有夢最美，但也要著手實踐，才能夠夢想成真，如果我們只
敢夢而不敢實際行動，那麼這場夢終究不過是一場夢而已。

要實現夢想，當下實踐是最重要的。

當你站在起跑線上面對人生的「第一次」，對於未知的未來
感到猶豫不決的時候，不妨直接動手做吧。

瓊斯是新聞系的高材生，大學畢業後如願考入當地的《明星
報》擔任記者。這天，他的上司交給他一個任務：採訪大法官布
蘭戴斯。

第一次接到重要任務，瓊斯並沒有如想像中欣喜若狂，而是
愁眉苦臉。他想，自己任職的報紙又不是當地的一流大報，自己
也只是個名不見經傳的小記者，大法官布蘭戴斯怎麼會接受他的
採訪呢？

同事史蒂芬獲悉他的苦惱後，拍拍他的肩膀說：「我瞭解你

的困擾。讓我來打個比方吧！這就好比躲在陰暗的房子裡，然後想像外面的陽光多麼熾烈一樣，想再多都是沒有用的，最簡單有效的辦法就是往外跨出第一步！」

說著，史蒂芬拿起瓊斯桌上的電話，查詢布蘭戴斯的辦公室電話。很快，他與大法官的秘書接上了線。

接下來，史蒂芬直截了當地提出要求：「我是《明星報》新聞部記者瓊斯，想要採訪法官，不知道他今天能否接見我呢？」

史蒂芬一邊接電話，一邊不忘抽空向目瞪口呆的瓊斯扮個鬼臉。不久，史蒂芬準備結束通話：「謝謝你。明天一點十五分，我會準時到。」

只見他向瓊斯揚揚話筒：「明天中午一點十五分，你的約會訂好了。」

多年以後，昔日羞怯的瓊斯已成為《明星報》的台柱記者。回顧此事，他仍覺得刻骨銘心：「從那時起，我學會了單刀直入，做來不易，但很有用。而且，第一次克服了心中的畏怯之後，下一次便會容易得多了。」

人總是有第一次，第一次上學、第一次考試、第一次上台演出、第一次參加面試、第一次拜訪客戶，甚至包括第一次約會、接吻……

這些許許多多的第一次，或許在其中有緊張、有期待、有不安、有快樂、有痛苦……但不論是什麼樣的情緒與過程，都一樣交織成生命中最重要的回憶，也標示著生命中許多不同的階段。

凡事都有第一次，開始面對它的時候，難免會有些猶豫、有些「想太多」的忐忑不安，但我們只管做好準備，然後放開自己

的腳步就對了。

　　沒有人天生就能把自己的才能完全發揮出來，必須勇於累積許許多多的「第一次」，才能逐步走向純熟。

　　要知道，即使一開始的結果不那麼理想，即使是跌跌撞撞地邁出第一步，只要有了開始，對未來的影響絕對都是正面的。

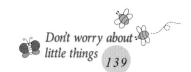

勇於開創，才能找到成功的方向

只要勇於創新、勇於發想，勇於走一條沒有人
走過的道路，常常能讓我們絕處逢生。

作家魯迅曾經寫道：「其實地上本沒有路；走的人多了，也便成了路。」

常常我們會覺得似乎自己到了窮途末路，面前的路已經走死、走絕了，不知道下一步還能怎麼辦？這個時候，或許可以想想魯迅的這句話。

路是人走出來的，這條路不通，不表示另一條路也沒辦法帶領我們走向光明、走向高峰。地上本來沒有路，若我們有勇氣智慧「發現」新的道路，做那第一個走這條路的人，在面前等待我們的，將會是驚喜與奇蹟！

在美國的佛羅里達州有一位農人，花了許多錢買下一塊土地。但是，購買之後這才發現，這塊土地貧瘠到種不了任何農作物，不論種什麼都沒有辦法收成。他的心情因此變得沮喪，心想這下完蛋了！

有一天，他偶然發現附近的灌木叢中竟然藏著許多響尾蛇。

他靈機一動，決定在這塊惡劣的土地上大量飼養響尾蛇，生

產響尾蛇罐頭，此外大量將蛇的毒液提取出來作為血清銷售。不久之後，他發現這個點子帶來的收益簡直好極了。

沒多久，他又突發奇想，把整個農莊買了下來。村民都不瞭解他為什麼要這樣做，把一個沒有生產力又沒有特色的農莊買下來做什麼？

沒想到，這人將買下的農莊改建成一整座「響尾蛇村」，每年吸引上萬的觀光客來此參觀。

後來，連當地的郵電亭都印著「佛羅里達州響尾蛇村」的戳記，供前來觀光的遊客購買收藏。

世上有沒有能夠「點石成金」的仙女棒？如果有，那應該就是人類的絕妙創意了。響尾蛇農場與響尾蛇村，這是多妙的主意呀！在無法種出任何像樣作物的荒地上，因為這位農人的創意與實踐，創造出了經濟奇蹟。

誰說買地來一定要種農作物呢？誰說一塊沒辦法種植作物的地沒有用呢？這個故事告訴我們：只要勇於創新、勇於發想，勇於走一條沒有人走過的道路，常常能讓我們絕處逢生。

問問自己：我是不是正站在人生的十字路口上？或者我其實走在一條看來大家都在走，但自己走起來卻特別沒意思的路上？那麼，這或許是一個讓我們走出自己道路的機會。

不妨動動腦，勇敢邁開腳步吧！之後或許會有更多的驚奇等著你呢！

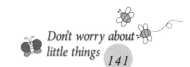
有磨練，才能承受更大的考驗

沒有肥沃泥土成長的種子，必須經過一番奮鬥
才能夠成長、開花，但它的生命力一定也比那
些養尊處優的種子要堅強得多。

記得曾在一本書中讀到這樣的句子：「種子不落在肥土而落
在瓦礫中，有生命力的種子絕不會悲觀和嘆氣，因為有了阻力才
有磨練。」

生來就落在肥土上的種子，沒有機會瞭解「奮鬥」是怎麼一
回事，可能就在原地慢慢成長、慢慢開花，從而渡過平凡的一生。

那些落在瓦礫中、石縫中的種子，從小就得要花上比其他種
子多上好幾倍的努力，才能夠綻放出美麗的花朵，相較於那些一
生順遂安逸的同類，所經歷的，自然是另一番不同的風景。

有一個年輕人，因為家貧沒讀多少書，於是來到城裡，想找
份工作。可是他發現因為自己沒有文憑，只能到處碰壁。

就在他決定要離開那座城市時，忽然想寫一封信給當時很有
名的銀行家羅斯。

他在信裡抱怨了命運對他是如何的不公，還說：「如果您能
借一點錢給我，我會先去上學，然後再找一份好工作。」

信寄出去之後，他便一直在旅館裡等，幾天過去了，他用盡

了身上的最後一分錢，也將行李打包好了。就在他準備放棄時，卻接獲房東通知，告訴他銀行家羅斯捎來了一封信。他非常興奮地將那封信拆開，滿心以為裡面會有支票掉出來。

但事實是，羅斯並沒有對他的遭遇表示同情，而是說了一個故事。

羅斯說：在浩瀚的海洋裡生活著很多魚，那些魚都有魚鰾，但是唯獨鯊魚沒有魚鰾。沒有魚鰾的鯊魚照理來說是不可能活下去的，因為它行動極為不便，很容易沉入水底，在海洋裡只要一停下來就有可能喪失生命。為了生存，鯊魚只能不停地運動，多年後，鯊魚擁有了強健的體魄，更成了同類中最兇猛的魚。

最後，羅斯告訴他，這個城市就是一個浩瀚的海洋，擁有文憑的人很多，但成功的人很少，你現在就是一條沒有魚鰾的魚。

那天晚上，這位年輕人躺在床上久久不能入睡，一直反覆思考著羅斯告訴他的這番話。

第二天，他堅定地告訴旅館的老闆，只要給一碗飯吃，他可以留下來當服務生，一分工資都不要。

旅館老闆不相信世上竟然有這麼便宜的好事，很高興地將他留下來工作。從此，這個年輕人加倍奮鬥，下定決心一定要在這個城市裡闖出名堂。

十年後，他擁有了令全美國羨慕的財富，並且娶了銀行家羅斯的女兒，他就是石油大王哈特。

一般的年輕人剛畢業或準備畢業前，發現自己根本找不到工作，都會希望借到一點錢唸書進修，加強自己，然後得到一張文憑，再出來找工作。

　　大部分的人都陷入了這樣的思考邏輯，總認為沒有文憑或沒有某項技能的自己是不足的，因而一心所繫，只在於將那「不足」的補足，讓自己能跟別人一樣「平起平坐」。可是，這樣的想法卻有個盲點：要加強自己、要爬得更高，不一定要靠學校給我們的那一張紙。

　　沒有魚鰾的鯊魚，雖然必須付出更多努力才能夠生存，但也因此造就了不須依賴魚鰾的強健生命；沒有肥沃泥土成長的種子，雖然必須經過一番奮鬥才能夠成長、開花，但它的生命力，一定也比那些天生養尊處優的種子要堅強得多了。

　　鯊魚與種子，都因為自己「沒有」天生的優勢，因為自己「不如人」，而造就了它們更強韌的意志與生命。

　　這個道理，哈特領悟到了，所以他不再坐著等待讀書、得到文憑的機會，而是思考自己該如何超越那些已經有文憑的人。這樣的思維，也讓書唸得不多的他不但沒有「矮人一截」，反而還「高人一等」！

意志力才是成功的關鍵

世上沒有無風無浪的旅程，也沒有不曾受過傷的船。命運畢竟還是公平的，最重要的決定權在於人的意志。

不論眼前的景象如何讓你沮喪、鬱悶，你也只能選擇勇敢面對，試著從失望的谷底發現希望的種子。

再艱困的事也總會找到解決的辦法，只要勇於面對，我們就能從失望之中發現希望，找到幫助自己向上躍升的契機。

匈牙利詩人裴多菲曾說：「你要像一棵樹，大風將樹枝吹折，然而巨大的樹幹卻永遠挺直。」

我們的生命之樹，或粗或細，或大或小，但是它們都應該要能挺得住風雨、挺得住災禍，才能筆直向上，繼續吸收陽光、空氣與水的養分，才能延續自己的生命。

在有著悠久造船歷史的西班牙巴塞隆納，有一家著名的造船廠，已經有一千多年的歷史。

這家造船廠從建廠的那一天開始就立了一個規矩，所有從造船廠出去的船，都要照樣打造一個小模型留在廠裡，並把這隻船出廠後的命運刻在模型上。

廠裡有房間專門用來陳列船舶模型，因為歷史悠久，模型數

量不斷增加，所以陳列室也逐步擴大，從最初的一間小房子變成現下造船廠裡最宏偉的建築，裡面擺放著將近十萬隻船舶的模型。

所有走進這個陳列館參觀的人都會被那些船舶模型震懾，不是因為模型的精雕細琢，也不是因為造船廠悠久雋永的歷史，而是被每一個模型上雕刻的文字深深震撼！

舉例來說，有隻名為「西班牙公主號」的模型上就刻著這樣的文字：本船共計航海五十年，其中十一次遭遇冰山，六次遭海盜搶掠，九次與另外的船舶相撞，有二十一次發生故障拋錨擱淺。

每一個模型上都有著諸如此類的記載，詳細記錄該船經歷的風風雨雨。

在陳列館最裡面的一面牆上，是對上千年來造船廠所有出廠船舶的概述：造船廠出廠的近十萬隻船舶當中，有六千艘在大海中沉沒，有九千艘因為受傷嚴重不能再進行修復航行，有六萬隻船舶遭遇過二十次以上的大災難。從下海那一天開始，沒有一隻船未曾受傷。

現在，這個造船廠的船舶陳列館早已突破了原來的意義，成為西班牙最負盛名的旅遊景點，同時也是西班牙人教育後代獲取精神力量的象徵。

我們的生命，就像船廠裡陳列的大小船隻一樣，每艘船的命運雖然各有不同，但一樣會經歷風吹雨打以及日曬，甚至暴風雨的侵襲。同樣的，它們也會看到許多海上的奇觀，燦爛的日出與瑰麗的日落。

這些都是命運的一部分，那些災難與輝煌，最後都會鏤刻在船隻的每一吋木板上。雖說有的船運氣差，有的船運氣好，但只

要船隻在海上航行一天，就得要遭受上天的考驗，輕者折損，重者沉沒。

世上沒有無風無浪的旅程，也沒有不曾受過傷的船。命運畢竟還是公平的，最重要的決定權在於人的意志。

只要意志堅強，就算生命之船經歷了許多的風霜與磨難，還是能夠驅使著它，繼續向前航行。

即使船身已經破破爛爛，即使船桅斷了、船艙破了，只要掌舵的人永不言放棄，這艘船依舊能在大海中找到方向，朝著目的地前進。說到底，人生不也正是如此嗎？

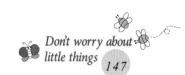

懂得活用，就能輕鬆成功

不管是何種知識，絕不會沒有用處，除非你不
知道該怎麼運用。只要懂得掌握，一定能夠為
生活或工作帶來契機。

　　每個人都知道，做生意必須要有資本。沒有資本，就沒辦法
進貨、租用店面、雇用員工、運作一間公司，等於什麼都別談。

　　所謂「沒本生意」，過去指的多是小偷、殺人放火這一類的
勾當，若說一個人「大做無本生意」，就表示他根本就是個雞鳴
狗盜之徒。

　　不過，隨著時代不斷變化，這個定義似乎也漸漸改變了。

　　五○年代初期，有個叫丹尼爾的年輕人，從美國西部一個偏
僻的山村來到紐約。走在繁華的都市街頭，啃著乾硬冰冷的麵包，
他發願一定要闖出一片屬於自己的天空。

　　然而，對沒有進過大學校門的丹尼爾來說，要想在這座競爭
激烈的城市裡找到一份稱心如意的工作，簡直比登天還難，幾乎
所有公司都拒絕了他的求職請求。

　　就在他心灰意冷之時，有一天，突然接到一家日用品公司捎
來的面試通知，他於是興沖沖地前往面試了。但是，面對主考官
有關各種商品性能和如何使用的提問，他卻吞吞吐吐一句話也答

不出來。說實話，擺在眼前的許多東西，他根本從未接觸過，有的連名字都叫不出來。

眼看唯一的機會就要消失，在轉身退出主考官辦公室的那一刹那，丹尼爾有些不甘心地問：「請問閣下，你們到底需要什麼樣的人才？」

主考官彼特微笑著告訴他：「這很簡單，我們需要的是能把倉庫裡的商品銷售出去的人。」

回到住處，回味著主考官的話，丹尼爾突然有了奇妙的感想：不管哪個地方徵人，其實都是在尋找能夠幫自己解決實際問題的人。既然如此，何不主動出擊，尋找那些需要幫助的人？

不久，在當地一家報紙上，登出了一則頗為奇特的啓事：「謹以我本人的人身信用作擔保，如果你或者貴公司遇到難處，如果你需要得到幫助，而且我也正好有這樣能力給予幫助，我一定竭力提供最優質的服務……」

讓丹尼爾沒有料到的是，這則並不起眼的啓事登出後，他接到了許多來自不同地區的求助電話和信件。

原本只想找一份適合自己工作的丹尼爾，這時又有了更有趣的發現：老約翰為自己的貓咪生了太多小貓而發愁，而凱西卻為自己的寶貝女兒吵著要貓咪找不到賣主而著急；北邊的一所小學急需大量鮮奶，而東邊的一處牧場卻奶源過剩……諸如此類的事情一一呈現在他面前。

丹尼爾將這些情況整理分類，一一記錄下來，毫不保留地告訴那些需要幫助的人，同時，而他也在一家需要市場推展員的公司找到了適合自己的工作。不久，一些得到他幫助的人紛紛寄了匯款給他，以表謝意。

丹尼爾靈機一動，於是決定辭職，註冊了自己的「訊息公

司」，業務越做越大，很快就成爲紐約最年輕的百萬富翁之一。

　　這個故事告訴我們，在現代，我們都像丹尼爾一樣，有機會做「正當的無本生意」，只要你掌握到一件比錢更重要的東西：「資訊」。

　　資訊能夠轉換爲服務，就像知識能夠變成金錢，「知道某件事」在人類的生活裡，變得比過去更有價值。

　　思想家盧梭曾說：「問題不在於他學到的是什麼樣的知識，而在於他所學的知識要有用處。」

　　事實上，不管是何種知識，絕對不會沒有用處，除非你不知道該怎麼運用。只要懂得掌握訣竅，一定能夠爲我們的生活或工作帶來契機。

敢衝敢撞，好過坐以待斃

蒙著頭橫衝直撞，雖然可能會撞得頭破血流，
但世上哪有不需流汗、不需流血的成功呢？

歌德曾說：「光有知識是不夠的，我們還必須應用知識；光有意志是不夠的，我們還必須付諸行動。」

一個人的知識可能會有窮盡的時候，但是他的腳步卻不應該就此停駐。一個人總會有迷惑、不知所從的時候，但是他的行動更不應就此停止。

遇到困境時，最不應該的就是留在原地等待拯救，而是要勇敢邁開腳步。若是不知道該怎麼辦才好，最好的方法就是自己想辦法試出來！

美國康乃爾大學有一位維克教授曾做過這樣一個實驗：

他把幾隻蜜蜂放進一個平放的瓶子中，瓶底向著有光的一方，瓶口敞開。只見蜜蜂們拼命向著光亮處飛，一次又一次撞在瓶壁上。最後，當蜜蜂們明白自己永遠都飛不出這個瓶底時，便不願意再浪費力氣，甘願停在光亮的一面奄奄一息。

之後，維克教授倒出蜜蜂，把瓶子按原樣放好，再放入幾隻蒼蠅，結果不到幾分鐘，所有蒼蠅都飛出去了！

怎麼會這樣呢？經過幾次的觀察，維克教授發現了答案。

原因很簡單，蒼蠅們並不朝著一個固定的方向飛行，牠們會多方嘗試，向上、向下、向光、背光，只要有一邊通了，就立刻改變方向，雖然免不多次碰壁，但是，蒼蠅們最終會順著瓶口飛出。牠們用自己的努力，免去了和蜜蜂一樣的命運。

根據這項實驗，維克教授最後總結出一個人生觀點：橫衝直撞，總比坐以待斃要高明得多！

「橫衝直撞好過坐以待斃」這句話，不只適用於蜜蜂與蒼蠅，對每個人來說亦是非常實際的至理名言。

現代人常常犯了「太聰明」的毛病，一旦遭受小小的挫折或困厄，寧可像蜜蜂一樣選擇留在原地，也不願意學蒼蠅蒙著頭四處碰壁。

這種心態大概可以描述為：「反正不知道以後會怎樣，何必付出這麼多？」「只要放手去做就一定可以成功嗎？你能保證嗎？如果不成功怎麼辦？」……其實，這也就是「不願嘗試」的心態作祟。

世上沒有「保證百分百成功」的路，就算有，那也未必都適合我們。除非我們捨棄太多功利的算計與計較，實際去嘗試，不害怕失敗與付出，否則永遠不會知道哪一條道路最適合自己走，就如同蜜蜂永遠不會知道瓶子的哪一邊是正確的出口。

「太過聰明」的蜜蜂，最後的結果就是自葬前程；蒙著頭橫衝直撞的蒼蠅，反倒能為自己開出一條血路。

雖然得要付出一些代價，可能會撞得頭破血流，但是，世上哪有不需流汗、不需流血的成功呢？

尊重智慧，創意才會源源不絕

他人的智慧心血，我們應該給予最大的尊重，否
則我們自己的智慧財產，又要由誰來捍衛呢？

　　在基督教外典之一的《所羅門智訓》裡，有段這樣的句子：
「我把智慧看得比任何寶座和王冠都要高貴得多。財富不堪與她
倫比，珍貴的寶石亦無法與她等價……在智慧身旁，世上所有的
黃金不過是一捧沙子，我珍視她甚於健康和美貌。她所具有的是
永不磨滅的光輝。」

　　所羅門王是如此地看重「智慧」，認為沒有什麼東西能與它
相比，而我們又願意為「智慧」付出多少？

　　美國有一間生產牙膏的公司，由於產品優良，包裝精美，深
受廣大消費者的喜愛，每年營業額蒸蒸日上。

　　記錄顯示，這家公司前十年每年的營業成長率為百分之十到
百分之二十，這個數據，令所有董事們雀躍萬分。

　　不過在進入第十一、十二年及第十三年時，業績卻停滯下來，
每個月維持在同樣的數字。董事會對這三年以來的業績表現感到
十分不滿，便召開全國經理級高層會議，以商討對策。

　　會議中，有名年輕經理站起來，揚了揚手中的紙，對董事們

說：「我有個建議，若你們願意使用我的建議，必須另外支付我五萬元！」

總裁聽了很生氣地說：「我每個月都支付你薪水，另外還有獎金。現在叫你來開會討論，竟然還要另外要求五萬元，會不會太過分了？」

「總裁先生，請別誤會。若我的建議行不通，您可以將它丟棄，一毛錢也不必付。」年輕的經理解釋。

總裁答應了，只見他看完那張紙上的內容，毫不猶豫地簽了一張五萬元支票給那名年輕經理。

那張紙上只寫了一句話：將現有的牙膏開口擴大一釐米。

試想，每天早上，每個消費者多用一釐米的牙膏，每天牙膏的消費量將會多出多少倍呢？

這個決定，果真成功地使該公司第十四年的營業額增加了百分之三十二。

五萬美元相對於近三分之一的營業額，不過是九牛一毛罷了；若是總裁心疼於那五萬美元而不肯付出，最後就無法得到這招「錦囊妙計」，那才真是虧大了！換句話說，智慧的價值多少，端看我們怎麼去界定。

某種層面上來說，智慧也許是無價的，但是若試著將它「標價」，除了商業機制的運作之外，最終目的還是要讓大多數人注意到「尊重」兩個字。

一個好的點子可以價值數百萬、數千萬，誰能夠第一個想出來並付諸實行，那麼這個創意就有可能比黃金珍貴。

近年來對於智慧財產權觀念的提倡，也是基於這個道理。他

人的智慧心血，我們應該給予最大的尊重，否則我們自己的智慧財產，又要由誰來捍衛呢？如此一來，又有誰願意動腦筋，想想他人之未曾想？

一個不懂得尊重他人智慧的環境是十分可怕的，因為在那之中我們很難找到「創造」，只有無窮無盡的「模仿」與「剽竊」。想想，一個社會如果失去了原創力，失去了智慧，失去了靈機一動，那麼它還剩下什麼？

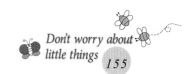

看清你所信仰的真相

別忘了時時回過頭來，用不同的角度質疑這些所謂「真相」與「事實」，才不會被錯誤的價值觀牽著鼻子走。

法國文學家羅曼・羅蘭曾說：「懷疑與信仰，兩者都是必須的。懷疑能把昨天的信仰摧毀，替明天的信仰開路。」

我們活到這麼大，心裡都會有一些「相信」的事與「信仰」存在，例如某種意念、價值觀、政治立場、社會觀點，甚至包括對自己與他人的想法……等；就好像有人崇拜「金錢萬能」，有人相信「藝術可以救世」。

但是，對於這些「信仰」，我們是否曾經認真地檢視與思考？

從前有一戶人家的菜園裡橫躺著一塊大石頭，這石頭的寬度大約有四十公分，高度有十公分。來到菜園裡的人，常常會不小心踢到它，下場不是跌倒就是擦傷。

某天，這戶人家的兒子忍不住問：「爸爸，那顆討厭的石頭為什麼不把它挖走？」

爸爸回答：「那顆石頭從你爺爺時，就一直在那裡到現在了，它的體積那麼大，藏在土裡的部分不知道還有多少，要挖到什麼時候才能把它挖出來啊！不如走路小心一點，還可以訓練你的反

應能力。」

過了幾年，當時的兒子娶了媳婦，當了爸爸，當然這顆大石頭也跟著留到下一代。

有一天，媳婦氣憤地說：「老公，菜園那顆大石頭，我越看越不順眼，改天請人搬走好了。」

新一代的爸爸回答：「妳算了吧！那顆大石頭很大、很重的，可以搬走的話，我小時候就搬走了，哪會讓它留到現在啊？」

媳婦心底非常不是滋味，因為那顆石頭不知道讓她跌倒多少次了。

有一天早上，媳婦帶著鋤頭和一桶水，將整桶水倒在大石頭的四周，然後用鋤頭把大石頭四周的泥土攪鬆。她早有心理準備，可能要挖上一天，甚至好幾天，但基於一口氣吞不下，還是決定奮戰到底。

誰都沒想到，不到十分鐘，媳婦就把石頭挖起來了，看看大小，這顆石頭根本就沒有想像中那麼大，大家不過是被那個巨大的外表給騙了！

德國詩人羅洛曾經說：「與自己鬥爭才是最困難的鬥爭，同時戰勝自己才是最偉大的勝利。」

事實上，每個人的心中，也都有一塊像故事中一樣的大石頭。

這塊石頭，不知道是多久以前就放在那裡的，因為年代實在太久遠，我們早已忘記要懷疑它「應不應該存在」、「能不能夠移走」，只是讓它在那裡，一直阻礙著我們、影響著我們。

對許多人來說，這樣的石頭可能還不只一塊。

心裡面放了很多這樣子的石頭、這樣子的障礙，對於我們來

說並不是一件好事。

羅曼羅蘭教我們要懂得懷疑，特別要懷疑自己深信不疑的事，因為只有透過懷疑，我們才能親自動手去摸摸看、試試看，看看那塊石頭是不是真的難以撼動？是不是真的「本該如此」？

故事裡的石頭並非真有千斤重、百丈寬，而是人們「心裡」認定了它「不可動搖」，除非有人願意重新嘗試，推翻先前的認定，它才能被移走。

同樣的，我們深信與信仰的一切，也許經過思考與檢驗之後，會發現它根本是虛有其表罷了。在日常生活中，你是不是也已經習慣了那些「理所當然」的事呢？別忘了時時回過頭來，用不同的角度質疑這些所謂「真相」與「事實」，才不會被錯誤的價值觀牽著鼻子走。

PART 8

賭氣只會和自己過不去

趕走你機會的，通常都是你自己的個性，

都是為了你的一口氣。

一時任性要付出的代價，

或許是你一生的機運。

深思熟慮才能搶得先機

掌握商機不是靠運氣，而是看謀略。沒有能力的人，只會聞雞起舞，跟著別人的腳步走，撈到的，也只是別人剩下來的油水。

想要在秋天之時豐收，你必須在冬天剛過，春天一來之時就開始播種。

成功的人永遠先想到最後，失敗的人卻永遠都只看得到眼前。

洛克菲勒家族就是早播種、大收穫的最佳例證。

第二次世界大戰剛結束不久，戰勝國決定成立一個處理全球事務、調解國際紛爭的聯合組織，也就是後來的聯合國。

成立聯合國的計劃一提出來，可謂眾志成城，大家的反應都相當熱烈，可是應該在什麼地方建立組織的總部，卻成了頭號問題，一下子也決定不出個所以然。

照理說，聯合國的地點應該選擇在世界一流的繁華城市，可是在任何一座繁華都市購買足夠興建總部的土地，都需要一筆天文數字的資金。

那時候的聯合國才剛起步，每一分錢都肩負著重責大任，根本沒有辦法在短時間內拿出這麼大筆資金。就在各國首腦為此傷透腦筋時，洛克菲勒家族得知此事，立刻出資八百七十萬美金，

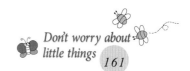

在紐約最精華的地段買下一塊地皮，並且在眾人驚詫的眼光中，無條件捐給聯合國。

洛克菲勒家族的義舉為他們博得良好的名聲，也和聯合國建立匪淺的交情，但是最大的獲益人卻還是他們自己。

聯合國大樓完工以後，四周的地價跟著水漲船高，立刻飆升起來。洛克菲勒家族當初在買下捐贈給聯合國的那塊地皮時，順便也買下所有與聯合國大樓毗鄰的地皮，如今土地的價值一翻再翻，沒有人能夠計算出該家族藉著賣出這些地皮，賺回多少個八百七十萬。

想在別人的前頭，做在別人的前頭，你就掌握了正確的時機。

成功不是一朝一夕，更非一蹴可及。所謂「養兵千日，用在一時」，通往成功可能只需要一步，但是在那一步之前，你必須先花上千日來部署。

掌握商機不是靠運氣，而是看謀略。

沒有能力的人，只會聞雞起舞，跟著別人的腳步走，撈到的，也只是別人剩下來的油水；至於真正的將才，除了等待對的時機，有時還會自己製造有利的契機。

賭氣只會和自己過不去

趕走你機會的，通常都是你自己的個性，都是
為了你的一口氣。一時任性所要付出的代價，
或許是你一生的機運。

你還在感嘆自己沒有碰到好機會嗎？

很多時候，不是機會不找你，而是當它來臨時，你沒有好好
珍惜；一念之間，機會轉眼消逝，你再怎麼可惜也沒有用。

一位氣質好、樣貌佳的女子每天朝九晚五地上班。從早到晚，
她的工作不外乎坐在辦公桌前對著電腦，或者偶而接接電話、上
上網，日子雖然穩定，卻相當單調。

許多人看到她的第一個反應，都會驚為天人地感嘆道：「妳
長得這麼漂亮，不去當明星太可惜了！」

她聽了以後只能苦笑，沒有人知道，她其實是當過演員的。
那一年，她才剛出社會，沒有太多歷練，一心只想往演藝圈發展。

她參加一個角色的試鏡，導演慧眼識珠，挑來挑去，最後只
剩下兩個候選人，她就是其中一個。

她長得漂亮，氣質又好，和劇中的女主角簡直如出一轍，她
知道，另外一位候選人根本不是她的對手。但是，由於她沒有演
戲經驗，導演考慮再三，遲遲不敢做最後決定。

不料，導演在媒體上三番兩次地誇獎她，使得外界謠言四起。一會兒說她和導演有染，想用美人計來爭取這個角色；一會兒又說她人美心惡，處處與另外一位候選人過不去。

聽到這些子虛烏有的不實傳聞，一向潔身自愛的她實在嚥不下這口氣，一氣之下，拂袖而去，

她決定退出這一次的競爭，匆匆打道回南部去了。

這齣連續劇的女主角理所當然就由剩下來的那位候選人擔任，戲才剛上檔，她便因為觀眾喜愛劇中的角色，一夜間快速竄紅。現在，人家可是紅得發紫的大明星了呢！

十幾年來，她卻遠離處處是機會、可以一展才華的演藝圈，成了一名普遍的上班族，從事自己並不真心喜歡的職業，偏離自己真正嚮往的軌道；其中的遺憾和委屈，不是一口氣能道盡的。

說起來，她只是因為當年的一口氣，而把自己的前途輸掉了。

一個人提著漁網去捕魚，不巧，當他剛到達溪邊時，天空也下起了大雨。

魚捕不成，他一氣之下把漁網給撕破了，豈知氣還未平，他又一頭栽進了溪裡；溪水相當湍急，他從此再也沒有爬上來。

這個故事或許很誇張，但是類似這樣的事情，卻在我們周遭屢見不鮮；趕走你機會的，通常都是你自己的個性，都是為了你的一口氣。

難怪有人說「忍一時風平浪靜，退一步海闊天空」，這句話雖然是老生常談，卻非常中肯實在。有沒有想過？一時任性所要付出的代價，或許是你一生的機運。

把每一刻當成最後一分鐘

隨時提醒自己光陰的寶貴，每一分每一秒都值
得珍惜。因為我們永遠不知道，何時是你生命
裡的最後一分鐘。

莎士比亞曾說：「時間的無聲腳步，是不會因為我們有許多
事情需要處理，而稍停片刻的。」

人人都知道光陰可貴，但我們對時間的浪費，卻總是在不知
不覺中。

深夜，在加護病房裡，癌症患者正準備迎接他生命的最後一
分鐘，死神如預期般的來到他身邊。

病人絕望地向死神懇求：「請再給我一分鐘時間，我要用這
最後的一分鐘，最後一次看看天、看看地；最後一次想想我的親
人、我的朋友，或者最後一次聽一聽風聲，聞一聞花香……」

死神說：「你的要求並不算過分，但是我不能答應你。因為
你想做的這一切，我早就留了時間給你去完成，但是你卻沒有珍
惜。不相信的話，你看一下我給你列的這一份單：

在你六十年的生命中，你花了一半時間在睡覺；這是人之常
情，我不怪你，這三十年就算是我佔了你便宜吧！但是，剩下的
三十年當中，你嘆息時間過得太慢的次數一共是一萬零三百二十

八次，因此，你也想出許多排遣這些無聊時間的方法。

其中，你每天花兩個小時打麻將，從年輕到老年，你一共耗去六千五百個小時，也就是三十萬分鐘。另外，你花不少時間喝酒，加起來和你打麻將的時間是差不多的。

此外，你上班時間老是拿著報紙殺時間，或是坐在那裡發呆吐煙圈，再不然就對張三說李四的壞話，又對李四說張三的壞話；這些事情所耗去的時間，比起你打麻將和喝酒是有過之而無不及。

除了這些，你還無數次嘆息生命空虛寂寞；為了消磨時間，你強拉鄰居、同事和下屬陪你聊八卦，玩十三支，讓他們也和你一樣浪費時間，你甚至還強搶孫子的電動玩具。還有……」

當死神想繼續往下念時，發現病人眼中的生命之火已經熄滅了。他渴望的最後一分鐘，早已被自己浪費掉了。

作家霍布斯曾說：「幸福是一個不斷渴望的過程，從一個目標到另一個目標，達到前者，就開闢了通向後者的道路。」

的確，如果你能夠瞭解生命只是一種自我實踐的過程，而不是根據時間長短來計算，那麼你就能珍惜當下的一分一秒，即使生命只剩下最後一秒鐘，你也會覺得自己過得很充實。

如果現在就是你生命裡的最後一分鐘，你可能不會再把它花在打麻將、喝酒、聊是非，或是打電動上面。

正因為它是生命最後一分鐘，所以你會揀一些有意義的事情來做，不敢有絲毫揮霍。

想要偷懶時，不妨告訴自己：「現在就是生命裡的最後一分鐘」，隨時提醒自己光陰的寶貴，每一分每一秒都值得珍惜。因為，我們永遠不知道，何時是你生命裡的最後一分鐘。

保持彈性才能突破瓶頸

只要你肯改變自己的型態，一樣可以到達你的
目的地。難走的路，要小心地走；不可能走的
路，就要懂得轉彎。

有沒有發現？成功的人並非都強硬不屈，相反的，他們往往
都相當圓融，甚至有時候姿態放得比誰都還低。

因為，他們知道，小草之所以抵得過強風，是因為懂得迎風
搖曳，隨時改變自己的姿態。

有一條小河從遙遠的高山上流下來，經過很多村莊和森林，
最後，來到一片沙漠邊緣。沙漠一望無際，小河終究還是無法穿
越浩瀚的它。

「也許這就是我的命運吧！我永遠也到不了傳說中的大海
了。」小河望著黃沙遍地，感到無比灰心。

「你有沒有想過讓自己蒸發到風中，讓風兒帶著你從我的身
上飛過，這樣你就可以到達目的地了。」沙漠好心地提醒它。

小河是打從山裡出來的，從來不知道有這樣的事情——要它
放棄自己現在的樣子，然後消失在微風中。

「不！不！這太冒險了。」小河一下子無法接受這樣的建議，
畢竟它從沒有過這樣的經驗，它擔心要是放棄自己現在的樣子，

最後卻變不回來，那不就等於自我毀滅嗎？

「你放心好了，風兒可以把水氣包含在它身體裡，然後飄過沙漠，到了適當地點，風兒就會把這些水氣釋放出來，讓它們變成雨水，然後這些雨水又會匯集在一起形成河流，繼續向前奔湧。」沙漠很有耐心地解釋給小河聽。

「那我還是原來的我嗎？」小河又問。

「可以說是，也可以說不是。」沙漠回答：「但是，不管你是一條河流，還是看不見的水蒸氣，你終究是水，你的本質是不會改變的。」

聽沙漠一再鼓勵，小河終於決心鼓起勇氣，放膽一試。

它張開雙臂，投入微風的懷抱中，讓微風帶著它，飛越茫茫無邊的沙漠，到達它所嚮往的汪洋大海。

保持彈性，才能突破瓶頸。

廣闊的沙漠也許難以跨越，但是只要你肯改變自己的型態，一樣可以到達你的目的地。

難走的路，要小心地走；不可能走的路，就要懂得轉彎。

人生的道路上不可能一路平順，重要的是當你遇到障礙時，仍要不忘記自己的目標，仍要想盡辦法往前走；只有一時的忍耐與犧牲，才能換得長久的希望與成功。

成功與失敗就在一念之間

> 銅牆鐵壁不是盡頭,哪一座城堡前面沒有護城
> 河?你可以選擇回頭,也可以勇敢突破,成功
> 與失敗的相差有時候僅僅是一秒鐘而已。

拉羅什富科曾說:「戰勝別人,不如打敗自己,因為,最可怕的敵人,就藏在自己的心中!」

成功與失敗的結果猶如天堂與地獄,但是你知道嗎?它們的差距可能沒有你想像中的大,只要肯再多努力一點點,成功離你並不遠。

大家都知道電話的發明人是美國的貝爾,但是許多人可能不知道,另外一位德國人才是這項發明的先驅。

德國有一位中學老師叫作李司,早在貝爾發明電話之前,他就已經發明可以傳達聲音的電話。

只可惜,李司發明的電話,所能傳達的只有口哨聲,其他的聲音通過話筒,都只會變成一些嗡嗡的聲音。

李司研究了很久,始終沒有辦法突破這些障礙,到了最後,他只好心灰意冷地放棄。

很久之後的一天,貝爾也致力於電話的研究;他在檢視李司的發現時,發現李司犯了一個很大的錯誤,導致他設計的電話不

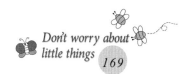

能傳達人聲。

　　貝爾繼續李司的研究，實驗許多方法來改進李司的電話。後來，他只是將李司電話裡的一枚螺絲放大了千分之一寸，從此，人類的聲音就可以清晰地傳達到話筒的另一端了。

　　僅僅千分之一寸的大小，李司就與名留千古的發明家名銜失之交臂。

　　相對的，如果李司當初痛下決心，咬緊牙關突破這千分之一大小的障礙，那麼電話發明家這項榮譽，便會由李司擁有。

　　我們之所以會失敗，多半是基於我們無法戰勝自己。

　　陷入困境之時，大多數人都忘了，再艱困的事也總會找到解決的辦法，只要勇於面對，只要願意多換幾個角度思索，就能找到成功的契機。

　　成功與失敗的距離只有千分之一寸，僅這麼一點點的突破，卻造成截然不同的後果。

　　當你遇到瓶頸，遇到挫折時，不要太灰心，這代表你和成功的距離只差眼前的這一面牆了，只要再向前一步，自然別有一番天地。

　　銅牆鐵壁不是盡頭，哪一座城堡前面沒有護城河？

　　你可以選擇回頭，也可以勇敢突破，成功與失敗的相差有時候僅僅是一秒鐘而已。

主動釋出善意，自然能贏得友誼

人跟人之間的互動，許多情緒常常是相互影響
的。如果你可以先不討厭人，別人其實也未必有
那麼大的理由要討厭你！

在這個強調人脈關係的年代，很多人都會暗暗羨慕別人交遊
廣闊，懊惱自己欠缺人氣，認識的朋友只有小貓兩三隻。

其實，只要主動釋出善意，注意言談之時，不要老是想和別
人較勁，你也可以建立豐沛的人脈。

三位外科醫生正在聊天，爭相誇耀自己的醫術厲害。

第一位說：「我曾經幫一個人把手臂接回去，現在他成了全
國職棒球隊中最好的投手之一。」

第二位說：「那算不了什麼，我曾經幫一個人把腿接好，現
在他已經是世界長跑選手之一了。」

第三位說：「你們的事蹟都算不了什麼。我還曾經幫一個傻
瓜縫了一個微笑的嘴，現在他已經是國會議員了。」

確實，就算是傻瓜，只要笑嘻嘻地不討人厭，即便沒什麼才
能，也能受到大家喜愛、步步高昇。

這可以說是在這個爾虞我詐、有時還得要拼個你死我活不可
的社會裡，另外一種成功的生存秘訣。

偉大的音樂家貝多芬曾經說過一句雖然簡單，卻非常有道理的話：「你若恨誰，誰就恨你！」

　　人跟人之間的互動，許多情緒、愛憎常常是相互影響、慢慢形成的。如果你知道某個人討厭你，你也會不由自主的跟著討厭他；如果你視某個人為敵人，那麼他也會從你的「假想敵」，慢慢變成真正的死對頭。

　　所以，有時候不妨問問自己：為什麼要無端為自己樹立這麼多障礙、這麼多不愉快、這麼多的負面情緒與負擔呢？

　　雖然在競爭者之間，經常彼此必須拼出個高下，但是我們能不能不要把這種對立不斷擴大、無限上綱？

　　別忘了，如果你可以先試著不討厭人的話，別人其實也未必有那麼大的理由要討厭你！

懂得記取教訓，失敗才有意義

要是今天在某個地方摔倒，錯信了某人，我們
是不是能夠認真的告訴自己「下次再也不要這
樣了」？

人非聖賢，孰能無過？犯錯本來就是進步的動力之一，每個
人也都有犯錯的權利，不需要為此太過苛責自己。

不過，一個坑摔一次也就足夠讓自己記取教訓了，如果在同
一個地方栽了兩次、三次，那可就說不過去了。

當馬文走進辦公室時，同事們驚訝地發現他的兩隻耳朵纏滿
了緞帶，於是大家紛紛圍上來詢問他發生了什麼事。

「昨晚我在看球賽轉播時，我太太正好在旁邊燙衣服，」馬
文說，「就在她離開的時候，那該死的電話響了，我一邊看比賽，
不小心把通著電的熨斗當成話筒，結果……」

「可是，另一隻耳朵又是怎麼一回事呢？」一個女同事好奇
地問。

馬文恨恨地說：「啊，這個啊……你們絕對想不到，我剛掛
掉電話，那個該死的傢伙竟然又打來了！」

有位近代名人曾說：「犯什麼錯誤都不是錯誤，但是，犯同樣的錯誤便是嚴重的錯誤了。」

要說人類絕頂聰明，是萬物之靈，這確實是無庸置疑的；不過，有的時候人又表現得比狗還笨，同一個錯誤卻常常是一錯再錯。

有些人聰明一世，卻往往糊塗一時。要是今天在某個地方摔倒，錯信了某人，我們是不是能夠認真地告訴自己「下次再也不要這樣了」？

明知如此，卻還是讓自己再一次陷入相同的錯誤，實在是很糟糕的事。

不過，回過頭來想想，其實我們同樣也有這樣的「死穴」，讓自己一陷再陷，就是無法克服的缺點呀！

上班上課老是遲到、作業或報告總是遲交，就是會被某一句話給刺激到、被同一類型的情人一騙再騙……等。

生活裡似乎有太多這樣的事情了，但是捫心自問，我們究竟有沒有勇氣與決心改變它呢？

幸與不幸，
全憑自己決定

老天會賜給每個人不同的「轉捩點」，

至於最後的結果是福是禍，

在很大的程度上，卻是我們自己可以選擇掌握的！

想成功，就不能害怕落空

再迂迴的路，只要能通往山頂，那就是一條可
以走的路。雖然有的時候得花比別人更長的時
間，但總比試都沒有試好多了。

樂聖貝多芬曾經這麼說過：「卓越者的一大優點是：在不利
與艱難的遭遇裡百折不撓。」

百折不撓，其實就是成功的不二法門。試一百次，必有一次
能行；若再不行，就要有試五百次、一千次的恆心與毅力。

就算橫阻於眼前有重重的困難，只要願意百折不撓地嘗試，
總會有突破的方法，你說是嗎？

海底裡有一個瓶子，瓶子裡困著一個魔鬼。

據說，五百年前一個神仙把魔鬼收到瓶子裡，此後，魔鬼一
直沒遇到機會脫困。

苦等了五百年的魔鬼滿懷怨恨地許了一個願望：「將來如果
有誰把我救出來，我一定要一口把這個人吞掉。」

某日，一位年輕漁夫在海邊撒網捕魚，正在收網的時候，突
然發現網裡有一個古舊瓶子。

他把瓶塞打開，立刻噴出一陣濃烈的煙霧來，幻化成一個比
山還大的魔鬼。

「哈哈哈哈！」魔鬼說：「年輕人，你把我救出來，我本應謝謝你，可惜我已經許了願，要把救我出來的人一口吃掉！」

年輕人大吃一驚，但立即鎮定地說：「這麼小的瓶子，怎能裝得下你巨大的身軀呢？你一定是在說謊，不如再回到瓶子讓我看看吧！」

「哼，我不會上當的。天方夜譚早說過這個古老的故事了，我如果再鑽入瓶子裡，你把瓶塞塞上，故事不就結束了嗎？」

「你看過天方夜譚？沒想到你還真是個博學多才之士呢！那你看過蘇格拉底的哲學著作嗎？」

「哈哈！這五百年我躲進瓶子裡，讀盡天下的經典著作，苦苦修行，莫說是西方巨著，東方的大學、中庸、論語、孟子我也都滾瓜爛熟了。」

「啊，那麼史記你也頗有研究吧？墨子的著作有涉獵嗎？」

魔鬼聞言，忍不住驕傲地揚起頭來，回答說：「不用再問了，總之經史子集我無一不通！」

「喔！」年輕人的語氣越來越平緩，淡淡地說：「不過，就算是這樣，我想你一定沒有見過紅樓夢的手抄本吧，這可是難得一見的版本呢！」

「哈哈哈，你未免太小覷我了，這本書的收藏者正是我呀！還是拿出來給你開開眼界吧！」魔鬼立即又化作一陣濃煙，鑽進瓶子裡。

此時，年輕漁夫立刻毫不遲疑地用瓶塞堵住了瓶子。

拉拉雜雜扯了一堆，不過都是年輕漁夫為了讓魔鬼放鬆戒心、自願踏入陷阱所做的努力罷了。

　　雖然沒有「一擊中的」，但有什麼關係呢？繞來繞去，終究還是會達成目的的。

　　同樣的，在人生之中就算橫在眼前的是再如何迂迴曲折的路，只要最後能通往山頂，那就是一條可以走的路。

　　雖然有的時候得花比別人更久、更長的時間跟精神才能達到目的，但是這總比試都沒有試，或是只小試片刻便放棄的人要好上太多了，不是嗎？

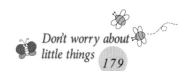

幸與不幸，全憑自己決定

老天會賜給每個人不同的「轉捩點」，至於最
後的結果是福是禍，在很大的程度上，卻是我
們自己可以選擇掌握的！

法國有句諺語是這樣說的：「幸福後面是災禍，而災禍的後
面是幸福。」

世事往往就是如此，禍福總是相依。

很難想像一個人的一生都只有幸福而沒有災禍，也很難想像
一個人的一生只有災禍沒有幸福。

有一位美麗的公主，由於擇偶標準很高，因此快三十歲了還
沒有嫁出去，年邁的國王對此事感到非常著急。

一天，大臣為國王獻上一計：「關於公主的婚事，我聽說在
東方有人擺擂台招婿，選定最強的男人做為夫婿，或許公主也可
以比照辦理。」

國王一想，此計不錯，立刻要人在全國張貼佈告，比賽內容
保密，地點則選在王宮附近的一個湖邊。

比賽當天，湖邊來了許多年輕人，大臣宣佈，想成為駙馬的
人，就要從湖的這一邊游到湖的另一邊，以最先上岸為勝。

這個條件並不算太難，當場就有許多人脫了衣服，想要搶第

一個衝下水。

就在大家準備跳下水的時候，卻發現水中有很多鱷魚，正虎視眈眈看著他們。

為了公主把命送掉，值得嗎？一想到這裡，原本熱血沸騰的參賽者們頓時停住腳步，面面相覷。

這時，突然「噗通」一聲，有個人跳下了水並奮力向對岸游去。只見他速度快得驚人，一眨眼工夫就上了岸。大家紛紛跑過來祝賀他，國王與大臣們也都趕過來要跟他說話。可是，他一句話也不說，只是氣喘吁吁地推開大家四處尋找。終於，有人問他：「你找什麼呀？」

這個人氣呼呼地答道：「我想知道是誰把我推下去的。」

原來這位未來的駙馬不是英勇過人的勇士，只不過是一個倒楣被推下水的「受害者」！

但不論如何，有人推了這位老兄一把，最後成就了他駙馬爺的命運。搞不好，這位老兄一開始根本就沒有迎娶公主的念頭，只是來看熱鬧罷了。

如果深入一點思考這個故事，那麼對於「禍福」，我們便能有更深一層的認識。是福是禍，究竟怎麼區分？想來除了運氣，還是得要靠當事者自己才能「界定」吧！

就像故事中這位老兄一樣，若是落水之後不幸給鱷魚吃掉，那當然是人生最大的災禍；但由於成功上了岸，這件飛來橫禍便成了一件幸運的事。

換句話說，「被推下水」這件事本身並不會決定他的幸或不幸，重點是：他後來怎麼做了？

　　面對挫敗，最重要的其實是當事者解讀的角度，這將註定你能否化阻力為助力，舉步向前邁進，抑或就此敗在小小的挫折之下。老天會賜給每個人不同的「人生轉捩點」，它們的存在可能改變你我未來的人生。至於最後的結果是福是禍，在很大的程度上，卻是我們自己可以選擇掌握的！

　　截至目前為止，你認為自己的人生充滿失敗與不幸嗎？千萬別忘了，一個成功的人往往也是有著堅強心境的人，至於失敗的人，卻容易困在挫折的框框裡作繭自縛。

　　幸與不幸，很多時候其實只是角度的問題；同樣的，人生中許多所謂的「煩惱」到底是不是庸人自擾，也值得我們回過頭好好想想。

真正的愛，沒有分別之心

以愛妻之心愛父母，是最大的孝子；以愛兒之
心愛丈夫，是最大的賢妻。

人很難一輩子只做人的兒女，不成為別人的配偶與父母；因
此，千萬不要忘了，在家庭中，我們或者可以有很多不同的角色，
但對每個家人付出的愛，卻應該都是一樣的。

五位丈夫前去參加綜藝節目錄影，都被問到同樣一個問題：
「假設你和母親、妻子、兒子同乘一船，這時船翻了，大家都掉
到水裡，而你只能救一個人，你會救誰？」

這問題很老套，但的確不好回答，於是……

理智的丈夫說：「我選擇救兒子。因為他的年齡最小，今後
的人生道路最長，最值得救。」

現實的丈夫說：「我選擇救妻子，因為母親已經經歷過人生，
至於兒子，反正有妻子在，我們還會有新的孩子，還會是個完整
的家。」

聰明的丈夫說：「我會救離我最近的那個，因為最可能被救
起來。」

滑頭的丈夫說：「我救『兒子的母親』。至於是指我自己的

母親還是兒子的母親，你們去猜好了。」

最後，只剩老實的丈夫實在不知道應該怎麼選擇，於是他只好回家把這個問題轉述給兒子、妻子和母親，問他們應該怎麼辦。

兒子對這個問題根本不屑一顧：「我們這裡根本沒有河，怎麼會全家落水呢？不可能！」可以想見，年齡使他只懂得樂觀看待目前和將來的一切。

妻子則對丈夫的態度大為不滿：「虧你還問得出來！你當然得把我們母子都救起來。我才不管什麼只救一個人的鬼話呢！」多數的女人總是認為丈夫必然有能力，也必須有能力負擔起自己的責任。

最後，老實的丈夫又問自己的母親。

母親沒等他把話說完，已經大吃一驚了，緊緊抓住兒子的手，帶著驚慌的語氣說：「我們都掉到水裡，孩子你不是也掉進水裡嗎？那我要救你！」

老實的丈夫聞言，頓時泣不成聲。

若換做我們回答這問題，答案又是如何呢？

如果每個人只擁有一個身分，許多事情或許不會那麼複雜。永遠當個被母親愛的孩子，或永遠當一個只愛孩子的母親，這個有什麼難的呢？

但是，在人際關係的系譜中，我們可能同時是一個人的父親，也是另一個人的兒子；我們可能是一個人的妻子，也同時是另一個人的母親。

有句話說：「養兒方知父母恩。」意即一個人要明白「父母恩」，還是得透過「養兒」才能夠體驗到。可是，一旦有了孩子，

兩相比較之下，大多數人還是寧願選擇把全部的愛付出給孩子，更不用說，在二者之間還夾著另一半的存在了。

這個選擇題是每個人這輩子都難以迴避的。只是，問題真的無解嗎？

曾經有位作家寫過這麼一句話：「以愛妻之心愛父母，是最大的孝子；以愛兒之心愛丈夫，是最大的賢妻。」

相信，這句話就是最好的答案。

怨天怨地，不如好好檢討自己

> 你的人生、處境、現況，都是自己要負責的，
> 因為促使你成功失敗的是你的行為心態，以及
> 所做所為。

　　英文裡面有句常用的話，叫做「Don't Take everything For Granted」，你知道這是什麼意思嗎？

　　「Don't Take everything For Granted」，這句話可以翻譯成「不要把一切視為理所當然」；當然，也可以把「everything」用「我」或「它」取代。

　　換句話說，也就是「不要把我（的好心）視為理所當然」、「不要把它（你所享受的權益或生活）視為理所當然」……總而言之，就是不要把別人，或別人給予好意視為理所當然！

　　在一個嚴寒的早上，車站旁坐了一名乞丐，正向過路的人要錢。乞丐：「好心的大爺小姐，給我一百塊，讓我吃吃飯吧，我已經好幾天沒有吃東西啦。給我一百塊吧，行行好，給我一百塊吧……」

　　乞討的聲音一遍又一遍地響起，卻始終沒有人搭理他。乞丐只好不斷地不斷地重複著：「給我一百塊吧，大爺。給我一百塊吧，小姐……」

終於，有位路人停下了腳步。乞丐立刻抬起頭來，可憐兮兮地說道：「先生能不能給我一百塊錢？」

路人於是掏掏口袋，最後說：「可是我只有八十塊。」

乞丐答道：「那……你就給我八十塊，剩下二十塊先讓你欠著好了。」

不要以為這只是個故事，只要仔細觀察，這種心態跟行為其實處處可見。

有些人總以為自己的匱乏是上蒼虧欠他的，總認為老天爺給的不夠多、不夠好，貪婪之慾早已取代了感恩之心。

事實上，除了自己，沒有人可以對你有所虧欠。

你的人生、處境、現況，都是自己要負責的，有誰「理所當然」地應該提供你什麼好處嗎？

有誰「理所當然」地虧欠你什麼嗎？

當然沒有，除了你自己！因為，促使你成功失敗的不是別人，而是你的行為心態及所做所為。這個道理很簡單，可惜的是，許多人卻看不清楚。

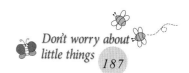

再忙碌，也要懂得停下腳步

除了為生活奔走勞碌，有空不妨放慢腳步看看
身旁的風景，或許還可以從中發現過去從未發
覺的驚奇與感動。

賽賓斯曾說：「沒有了油畫、雕塑、音樂、詩歌以及各種自
然美所引起的情感，人生的樂趣將會失掉一半。」

這句話你同意嗎？

其實，要是我們能夠用心體會，就能明白他所指的，不單單
只是「欣賞藝術」的問題而已。

某個平日，故宮博物院裡的人潮不像假日時那麼多，參觀者
放慢腳步，閒適地在博物院裡漫步參觀。

只見許多情侶、夫妻或朋友，雙雙對對或三三兩兩地欣賞著
中國歷代的美術品。

此時，在放置「清明上河圖」的展室，突然聽到一位太太急
匆匆地走到畫前面，用十分不耐煩的聲音對丈夫說：「我說你為
什麼走得這麼慢啊！原來你老是停下來看這些東西！」

在人生的道路上，有許多人經常只知道往前狂奔，結果卻失
去了觀看兩旁美麗花朵的機會。

就像故事中這位太太，身在博物館裡卻像是趕集一般，只顧

一直往前走，卻渾然不知自己究竟錯過了什麼。

　　試想，若一個人進入博物館，卻不懂得要駐足欣賞裡頭的各種文物展覽，那又怎麼懂得停下腳步享受生活、欣賞生活呢？

　　我們可以把人生比喻成一本書、一面風景，或是一幅畫；無論是何種人生，都有值得品味的一面，就看我們懂不懂得欣賞。

　　絕大部分的人一生都必須辛苦奔走，但很多人到頭來卻不知道自己究竟在忙些什麼，對於幾十年庸碌歲月的記憶，也感到毫無深刻之處。

　　因此，在你為生活奔走勞碌之餘，有空不妨也為自己留點時間，放慢腳步看看身旁的風景，或許還可以從中發現過去從未發覺的驚奇與感動。這些感動，也將成為暮年時，可供細細回味的美好回憶。

設身處地，才是真正的尊重

> 所謂的「尊重」並不是客套，而是一種「體貼之心」。人與人相處，最重要的就是相互尊重、並時時站在對方的立場思考。

明代思想家呂坤曾在《呻吟語》裡說過：「無責人，自修之第一要道；能體人，養量之第一要法。」

意思是說，要增進自我的修養，第一步就是不要隨便斥責別人；要培養自己的雅量，第一步就是要懂得容人、體諒人。

學會體諒並不困難，只要你願意認真地站在對方的角度和立場看問題，自然就能用更寬容的心體貼他人。

有一天，妻子正在廚房炒菜，丈夫回到家後，也跟著走進廚房。只見丈夫一反常態，緊緊跟在太太旁邊嘮叨不停：「慢一點，慢一點。欸，小心！火太大了……」

「趕快把魚翻過來！唉呀，快鏟起來！」

「油放太多了！」

「把豆腐整平一下……哎喲，鍋子歪了！」

「你閉嘴好不好！」妻子忍不住脫口而出：「我知道該怎樣炒菜，這還要你來教嗎？」

「炒菜妳當然懂囉。」只見丈夫平靜地回答道：「我只是要

讓妳知道，當我在開車時，妳在旁邊喋喋不休，我的感覺到底如何。」

如果你是我，能體會我、瞭解我的感受，你還會這樣做嗎？故事中的丈夫要說的，其實就是如此而已。

或許對方並不是出於惡意，但還是應該要瞭解，身為駕駛，老是被人指點該如何「開車」，是不會覺得自己被尊重的，就像做菜的人也不會想要別人評點自己的料理技巧一樣。

箇中道理並不難懂，只是，最簡單的事情也往往最容易被忽略。就像面對最親近的人，我們也常常忘記給他們最基本的尊重。

所謂的「尊重」並不是客套，而是一種「體貼之心」。人與人相處，最重要的就是相互尊重、並時時站在對方的立場思考。

既然自己也希望得到他人的尊重，那麼我們又有什麼理由不用同樣的體貼對待他人呢？

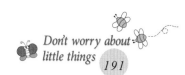

找對方向，成功之路自然順暢

遭遇問題時，別急著否定自己，清楚瞭解自己
的長處與短處，讓自己站在能夠發揮的位置，
這才是最有效的解決之道。

元代文人張養浩曾經感嘆地說過：「人才難得，全才尤為難得。」

確實，世上並不存在十全十美、無所不能的人。

換句話說，大多數人也只要擁有一、兩項專才便足以養活自己。因而若是工作不順利、發展上不如人，未必是因為努力不夠或才能不足之故。關鍵或許在於：我們是否做了適合自己的工作？

去過廟裡的人都知道，一進廟門，首先會看到彌勒佛笑臉迎客，在祂的北面，則是黑口黑臉的韋陀。

許多人經常拜拜，但是卻很少人知道，相傳在很久以前，彌勒佛與韋陀並不是在同一個廟裡，而是分別掌管不同的廟。

由於彌勒佛熱情快樂，所以來添香油的人非常多，但祂什麼都不在乎，丟三落四，從不好好管理帳務，所以依然入不敷出。

反觀韋陀，雖然是管帳好手，但成天陰著一張臉，太過嚴肅，搞得信徒越來越少，香火也幾乎斷絕。

有一天，佛祖在查看香火的時候發現了這個問題，便將兩人

找來，對祂們說，要把祂們兩個放在同一個廟裡。彌勒佛跟韋陀聽了面面相覷，不明白佛祖的意思。而且，從來沒有跟人共享過一座廟的兩人，又該如何調整自己的角色與定位呢？

佛祖見狀，解釋說：「放心，你們不需要特別改變，只要做原本在自己的廟裡做的事就好了！」

彌勒佛跟韋陀聽了便欣然同意，兩尊佛於是移到同一座廟裡。

在那之後，彌勒佛負責公關，笑迎八方客，於是香火大旺。而韋陀鐵面無私，錙銖必較，負責財務，嚴格把守關口。在兩人的分工合作之下，廟裡變得一派欣欣向榮。

讓彌勒佛管帳務，或是讓韋陀做公關，都是「把有才能的人，放在錯誤位置」上的最好例子。既然知道這個道理，若某人不適合做這件事，為什麼不讓他做適合他的事呢？

一個人有沒有某方面的天分，常常是天生的，就好像如果硬要讓彌勒佛拿著家計簿計算開銷，或是硬要韋陀笑臉盈盈地招呼客人，效果絕對不會比讓他們「各司其職，各展所長」要來得好。

要是我們天生的是韋陀的脾氣與個性，卻得強迫自己去擔任彌勒佛的角色，那麼在工作與生活上很可能就會感到不順利、不如意，反之亦然。

因此，當你的生涯規劃或工作表現遭遇問題的時候，千萬別急著否定自己的才能，懷疑自己「是不是真的一無是處」。更重要的是，要先清楚瞭解自己的長處與短處為何，並且讓自己站在能夠發揮所長的位置，這才是最有效的解決之道。

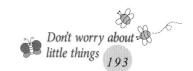

積極主動，才不會落在人後

要懂得化被動為主動，身處競爭激烈的世界，要是不想辦法往上爬，就只能待在原地等著被淘汰。

俄國作家高爾基曾說：「每個人都知道，把語言化為行動，比把行動化為語言，要困難得多！」

的確，坐而言不如起而行，說空話一萬句，還不如實際去做一次。但是，在現在這個年頭，如果你只曉得要「起而行」，還是遠遠不夠。

A 先生在某公司上班，由於覺得自己滿腔抱負沒有得到上級的賞識，因此經常想：「如果有一天能見到老總，展示一下自己的才幹就好了！」

他的同事 B 也有同樣的想法。

與 A 先生不同的是，他更積極地打聽老總上下班的時間，算好他大概會在何時進電梯，自己也故意選在這個時候搭電梯，希望有機會可以跟老總打個招呼，攀點關係。

然而，同事 C 又比 A 跟 B 「更上一層樓」。

他不只詳細瞭解老總的奮鬥歷程，弄清他畢業的學校，人際關係、個性風格、關心的問題……等等，精心設計了幾句簡單卻

有分量的開場白，在算好的時間搭乘電梯，打過幾次招呼後，終於有一天跟老總長談了一次。

　　果然，不久之後，他就順利爲自己爭取到更好的職位。

　　機會只給準備好的人，這「準備」二字並非隨便說說而已。

　　坐著空想，確實是不如實在去做；但是起而行，則又有「是否準備好」的不同。疏略而匆匆忙忙的行動，雖然好過光想不做，但是比起準備充分的「起而行」又差上一截。

　　失敗者空等機會、錯失機會，智者抓住機會，成功者創造機會。在這個故事裡，C 先生由於積極準備，因而順利爲自己創造出機會。反觀 A 與 B，只能說還得再加把勁。

　　要懂得化被動爲主動，你才會是最後微笑的那個人。只在腦子裡空想，懷著碰運氣心態的半吊子，絕對永遠及不上那些用盡心力爭取，爲自己開創機會的積極者。

　　說來殘酷，不過這就是「現實」。身處競爭激烈的世界，要是不想辦法往上爬，就只能待在原地等著被淘汰。

PART 10

小心幸運變成厄運

幸運也許能讓風箏飛得更高，

但是最後的命運，

卻還是掌握在懸著它的那根繩子上。

將壓力轉變為助力

人生在世，本來就會面臨各式各樣的壓力，當
你學會調整自己，讓壓力一點一滴而來時，你
會發現，壓力反而是一種助力。

現代人大都背負著沉重的生活壓力，時常擔心這個，擔心那
個，腦海中的憂慮總是永無止境。

面對這麼多的壓力，你該試一試所謂的「沙漏哲學」，既然
自己憂慮的事不是一時半刻就能改變的，那就要用另外一種心情
去面對。

二次大戰時期，米諾肩負著沉重的任務，每天花很長的時間
在收發室裡，努力整理在戰爭中死傷和失蹤者的最新記錄。

源源不絕的情報接踵而來，收發室的人員必須分秒必爭地處
理，一丁點的小錯誤都可能會造成難以彌補的後果；米諾的心始
終懸在半空中，小心翼翼避免出任何差錯。

在壓力和疲勞襲擊之下，米諾患了結腸痙攣症。身體上的病
痛使他憂心忡忡，他擔心自己從此一蹶不振，又擔心是否能撐到
戰爭結束，活著回去見他的家人。

在身體和心理雙重煎熬下，米諾整個人瘦了三十四磅；他想
自己就要垮了，幾乎已經不奢望會有痊癒的一天。

身心交相煎熬，米諾終於不支倒地，住進醫院。

軍醫了解他的狀況後，語重心長地對他說道：「米諾，你身體上的疾病沒什麼大不了，真正的問題是出在你的心理。我希望你把自己的生命想像成一個沙漏，在沙漏的上半部，有成千上萬的沙子，它們在流過中間那條細縫時，都是平均而且緩慢的，除了弄壞它，你跟我都沒辦法讓很多沙粒同時通過那條窄縫。人也是一樣，每一個人都像是一個沙漏，每天都有一大堆的工作等著去做，但是，我們必須一次一件慢慢來，否則我們的精神絕對負荷不了。」

醫生的忠告給米諾很大的啟發，從那天起，他就一直奉行著「沙漏哲學」，即使問題如成千上萬的沙子般湧到面前，也能沉著應對，不再杞人憂天。

他反覆地告訴自己說：「一次只流過一粒沙子，一次只做一件工作。」

沒過多久，米諾的身體便恢復正常了，從此，他也學會從容不迫的面對自己的工作。

接連碰上了倒楣的事，或是對大環境充滿不確定感，壓力就會形成，腦海中也會不斷浮現各種憂慮。要是不改變自己的想法，久而久之，人就會受到消極情緒主導，陷入愁雲慘霧之中。

想要活得快樂，你就必須這麼想：人生枯榮交替，沒有永遠的噩運，也沒有永遠的不景氣。

憂愁、焦慮、信心渙散都於事無補，你必須換個念頭，把壓力變成助力。

人沒有一萬隻手，不能把所有的事情一次解決，那麼又何必

一次為那麼多事情而煩惱呢？

　　不能即時改變的事，你再怎麼擔心憂慮也只是空想而已，事情並不能馬上解決；你應該試著一件一件慢慢來，全心全意把眼前的這件事做好。

　　人生在世，本來就會面臨各式各樣的壓力，當你學會調整自己，讓壓力一點一滴而來時，你會發現，壓力反而是一種助力，只要你按部就班，它就會穩定推動著你，不斷前進。

忍得久才是最後贏家

> 在通往目標的路上，那些風風雨雨是多麼的微不足道，你不需要為它們駐足，更沒必要為它們傷神。

有位哲人曾說：「搬不動的重物，經過忍耐可以變輕。」

想把眼前的壞事變好事，就必須學會忍耐。

忍氣吞聲也許看似懦弱，但是卻能成就許多大事，當你放眼遠方，就會發現，在自己眼前的際遇，只不過是世界的一小部分，沒有什麼東西是不可以忍的。

織田信長、豐臣秀吉、德川家康是日本戰國時代的三名英雄霸主。

一次，有個人養了一隻非常漂亮的杜鵑，可惜的是這隻鳥雖然金玉其外，卻從來不曾啼叫。

鳥不歌唱，就像馬不奔跑一樣，養著也沒有什麼價值，於是，他就帶著這隻杜鵑鳥，向這三個人請教有沒有什麼可以讓鳥啼叫的辦法。

織田信長說：「杜鵑不啼，就強迫牠啼。」

豐臣秀吉說：「杜鵑不啼，就誘勸牠啼。」

德川家康說：「杜鵑不啼，就等待牠啼。」

　　他們的回答正好反映了他們的性格，織田信長個性剛猛暴烈，所以會強迫杜鵑鳥啼叫；豐臣秀吉精於謀略，所以會想辦法誘勸杜鵑鳥啼叫。至於德川家康則以擅長隱忍聞名，所以他沉得住氣，等待杜鵑鳥啼叫。

　　不僅如此，歷史上有許多故事也對德川家康的「忍功」多所描述。

　　當織田信長開始天下佈武，準備肅清「上京之路」的障礙時，曾要求德川家康殺死自己的妻兒，以示忠誠。

　　德川家康為了取信於織田信長，二話不說立刻動手；就這樣忍下喪妻失子之痛，忍下不共戴天之仇，連一滴眼淚也沒有流。

　　織田信長遇刺身亡後，豐臣秀吉接收了他的豐碩戰果。為了討好豐臣秀吉，德川家康也不惜以尊貴的武士之膝，在眾目睽睽之下，跪在市井出身的豐臣秀吉面前稱臣。德川家康明白雙方實力懸殊，因此忍下了許多常人不能忍的屈辱。

　　豐臣秀吉去世後，德川家康才得以擊敗群雄，建立歷時二百六十多年的德川王朝，所有曾經受過的痛苦都有了回報，他的成功的秘訣就在一個「忍」字。

　　我們的人生隨著我們擁有多少熱情而具有多少價值，想要開創一番志業，就要永遠保持熱情，遇到困境不氣餒、遭遇挫折不小看自己，如此，才能夠用熱情打造自己的璀璨亮麗人生。

　　當然，要培養忍讓的生活態度非常困難，可是，只要我們轉換心境，看得更高更遠，最後必定能帶著微笑走向自己設定的人生旅程！

　　英國著名的辭典作家約翰遜曾經說過：「偉大的工作，並不

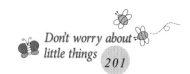

是用力量，而是用耐性去完成的。每天走三個鐘頭的人，七年之內所走過的道路，已經等於繞了地球一周。」

忍耐是一種修養，報復、攻擊的行為看似勇敢，但是不報復、不攻擊的情操卻更難能可貴。

絕大多數人的失敗，都是失敗在應該改變念頭和想法的時候，不懂得毅然下定決心，也不肯放低姿態。

記住「好事多磨」這句話，在通往目標的路上，那些風風雨雨是多麼的微不足道，你不需要為它們駐足，更沒必要為它們傷神，畢竟，只要能走到終點，一切忍耐都是值得的，不是嗎？

堅持走下去就對了

遇到挫折時，不妨想一想，這真的是你所想要
的結果嗎？如果再多堅持一下，結果是不是會
變得不一樣？

這個年頭，生活壓力越來越大，自殺人口的比率節節升高，
受不了壓力而得了精神疾病的人也越來越多。

生存，真的是這麼困難的一件事嗎？或者只是因為人們常常
預設立場，才把凡事都想得太困難？

有一個年輕人從鄉下來城市裡找工作。

十幾天過去了，工作沒找到，身上的錢卻一毛也不剩，山窮
水盡之餘，只好準備回家鄉。

在這個五光十色的都市裡他舉目無親，唯一喊得出名字的是
一位報社的記者，這個記者在兩年前曾到過他的家鄉採訪，經常
鼓勵他趁著年輕，來大城市裡看看。年輕人心想，自己這一趟回
去，以後恐怕是不會再到城市裡來了，怎麼樣也應該去向這個記
者打打招呼，問候一下。

於是，他在離開前去和記者見了一面。

記者聽了年輕人不如意的境況，深深嘆了口氣，接著拿出一
張五百元的鈔票對他說：「既然你決心要走，我也沒辦法留你，

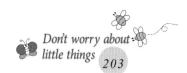

不過，請你答應我，花完這五百塊再回去。」

年輕人十分感激記者的好意，點點頭答應了。

在花掉前兩百塊的那幾天裡，年輕人沿路順手撿了些廢紙、寶特瓶，賣了好幾十塊。

繼續花掉兩百塊的那幾天裡，他找了一份兼職工作，在路邊發傳單，又賺了一百多塊。

在花掉最後一百塊的那天，他擔任兼職工人，幫一個裝修房子的人家把一堆沉重的花崗石搬上大樓，總共掙得了工資五百元。

就這樣，他在花掉五百元的同時又賺了六百多元，在花掉六百多塊的接下來幾天裡，找到一份餐廳送外燴的臨時工。

在送外燴的那幾個月裡，他又認識了一家保險公司的主任，開始與保險接觸，擔任保險業務員。

在從事保險業務員的那幾年中，他進步神速，見識到很多他以前連想都不敢想的事物。過了幾年，他存了一些錢，還進了夜校讀書。

他發現只要自己肯努力，五百元也可以變成五千元、五萬元，生活的資本其實源源不絕，他怎麼也無法把五百元花完。

正因為如此，他再也沒有離開這個城市。

萊布尼茨曾說：「失望有時引起沮喪，有時卻讓人燃起新的希望。」

每個人都有各自的幸福和痛苦，只不過是程度不同而已，誰認為自己遭受的痛苦最少，誰就是最幸福的人。

只要肯堅持、肯努力，活下去根本不是問題；只要再多付出一些，再多用心一點，要過得好也不是夢想。

　　人生的路途中，天不從人願的壞事情每天都在發生，但是有石頭的地方就一定會有路，只是看你肯不肯走下去而已。

　　遇到挫折想要放棄之時，不妨靜下心想一想，這真的是你所想要的結果嗎？

　　如果再多堅持一下，結果是不是會變得不一樣？在把你身上的「五百塊」花完之前，永遠不要放棄。

只要有實力，就不怕不景氣

決定命運的，往往不是外在環境的榮衰和瞬息
萬變的時機，而是一個人本身的能力和態度。

在這個經濟蕭條、百業頹靡的年代，不少人感嘆自己生不逢
時，更有人爲自己的前途憂心忡忡。

在一片失業浪潮中，有的人因此一敗塗地，有的人反而絕處
逢生。當機會不來敲門時，你該如何去打開機會的大門呢？

有一位留學美國的電腦博士，畢業之後一心想留在美國就業，
誰知卻遭逢全球經濟不景氣，各家公司忙著裁員瘦身，除了最基
層的人員，幾乎沒有任何職缺。

他去了好幾家公司面試，每家公司都以「我們請不起博士」
爲由，毫不留情拒絕他。

這個電腦博士想了很久，要他拿著博士文憑去做小職員的工
作，自己未免有些不甘心，但是如果不肯紆尊降貴，眼前就只有
失業這條路。

他左思右想，最後終於拿定主意，與其傻傻地坐在家裡等待
時機，不如先求有、再求好，從基層工作做起，也算是對自己的
一種磨練。

於是，他決定收起所有的學位證明，以高中學歷的「最低身份」前去求職。

不久之後，他就被一家公司錄用為文書輸入員，雖然這對他來說根本是大才小用，但是他並沒有任何怨言，反而盡心盡力地把每一件事情做到盡善盡美。

不久，老闆注意到這個年輕人不只會打字，對各種軟體也都能應用自如，非一般打字員可以比擬。這時，他才亮出大學畢業證書，老闆對他的吃苦耐勞讚譽有加，立刻給他換一個適合大學程度的職位。

過了一段時間，老闆發現他不只對電腦有研究，還時常提出許多企業經營方面獨到的見解，這是一般大學生所不能及的。這時，他又亮出碩士畢業證書，老闆立刻又把他升上更高的職位。

再過一段時間，老闆還是覺得他比同等職位的人出色許多，便找了個機會對他嚴加「拷問」。

此時，他才拿出博士畢業證書，由於老闆之前就已見識過他的能力，如今又證明他的資歷，當然更毫不考慮重用他。

峰迴路轉，這個電腦博士繞了一大圈，最終還是憑著自己的本事，到達自己想去的目的地。

靜下心來仔細想想，如果那個殺千刀的「雷曼兄弟」沒倒閉，你的日子會不會比較好過？如果沒有該死的金融海嘯，你的生活或不會比較逍遙？

如果答案是否定的，那麼，問題很可能就出在你的實力，而不是景氣。

只要有好實力，就不用怕不景氣。

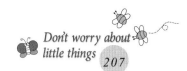

這位電腦博士最難能可貴的地方，不只是他願意把腰彎得比別人低，更重要的是，他敬業樂業，無論扮演什麼角色，都盡忠職守、兢兢業業，才能始終表現得那麼出色。

如果機會不對你敞開大門，那麼，你就必須自己設法從門縫裡鑽入。

事在人為，你對每件事的態度都會直接影響你呈現出來的表現，只有最正確的態度，才有最亮眼的演出。

決定命運的，往往不是外在環境的榮衰和瞬息萬變的時機，而是一個人本身的能力和態度。

別用想像去擴大恐懼

現實世界的障礙有時還比較可以跨越，想像中
的恐懼卻往往無法根除。害怕，是因為你不清
楚，一旦弄明白了，也就沒什麼可怕的了。

作家蓋兒·維荷曼曾經這麼說：「把室內的燈打開後，我們
不禁懷疑，黑暗有什麼好怕的。」

是的，當你把一切看得清楚明亮時，恐懼自然瓦解，但是萬
一缺少了趕走黑暗的這盞燈，你該如何驅除心中的恐懼？

從前，有個國王非常殘忍，不只經常草菅人命，甚至在每次
處決死刑犯時，都將之視為一種刺激的娛樂，想要不斷嘗試更新
奇的花招。

一次，有一位犯人被告知自己第二天將被處以極刑，行刑的
方式是在他手臂上割一個五公分大的傷口，讓血一滴一滴慢慢流，
直到他嚐遍痛苦，鮮血流盡為止。

犯人聽了驚恐不已，要眼睜睜看著自己的生命流逝，這簡直
比五馬分屍更加折磨；犯人百般哀求，但國王卻無動於衷。

隔天一大早，這名犯人被帶到一個小房間中，並被五花大綁，
牢牢地鎖在一面牆壁上。

牆上有個剛好可以伸進一條手臂的小孔，劊子手把他的一隻

手從孔中穿到牆的另一面，讓犯人看不見自己的手。

接著，犯人只感到一陣灼熱的疼痛，劊子手在他的手臂上割開一個洞，並且在地上放了一個瓦罐來盛血。

「滴答……滴答……」，鮮血一滴滴地滴在瓦罐中，四周安靜無聲。

牆壁這邊的犯人聽著自己的血滴在瓦罐中的聲音，一會兒就感覺像是過了一世紀那麼長。

他覺得全身的血液都朝著那隻手臂湧去，像瀑布一樣，越來越快地流向地上的瓦罐。

不一會兒，他覺得身體越來越冷，意志也跟著鮮血流去了；他手腳發軟，整個人癱了，再掙扎了幾下就死了。

而在牆的那一邊，他手上的那個小傷口早就不流血了。劊子手在靠近牆壁的桌子上放著一個水瓶，那些「滴答滴答」的聲音其實是水瓶中的水，透過漏斗管子滴在瓦罐裡的聲音。

國王這次玩的花招，叫做「心理暗示」。他用一種強烈的心理暗示，讓犯人自己殺死自己。

《天路歷程》的作者約翰‧班揚一生多災多難，他曾經說過：「碰到變故，開始時我們會楞住，可是過了一段時候，我們便應該學會鎮靜、忍耐。」

確實，鎮定和忍耐，正是我們面對黑暗、恐懼之時，照亮人生路途的燭火。

現實世界的障礙有時還比較可以跨越，想像中的恐懼卻往往無法根除。害怕，是因為你不清楚，一旦弄明白了，也就沒什麼可怕的了。

　　不要抗拒這些恐懼的感覺，想一想，你究竟因何而心生畏懼？
有沒有什麼方法可以克服？

　　如果沒有辦法解決，難道你就要這樣坐以待斃？

　　如果你暫時壓抑住自己害怕的感覺，勇敢放手去做，你的人
生是否會因此而有所改觀？

　　把室內的燈打開後，黑暗根本沒有什麼好怕的，但是這盞燈，
是需要你自己動手去點亮的。

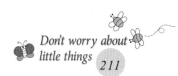

苟且偷安和成功無緣

一個人真正肯努力的話，是連刀山火海都願意去的，而且去得毫不猶豫，去得義無反顧，去得無畏無懼。

德國大作家歌德曾說：「人們都認為，自己的一生要由自己來引導。但在內心深處，卻有著任憑命運擺佈，而無法加以抗拒的東西。」

這些東西，就是阻礙你進步的原因；想要過得更好，你必須先抗拒這些「無法加以抗拒的東西」。

有一個寓言故事是這樣子的：

深山裡有兩塊石頭，有一天，圓的石頭告訴方的石頭：「不如我們到艱險坎坷的路途中磨一磨吧！好好地看看這個世界，或許能發現一些有趣的事物，不枉此生。」

「不，幹嘛這麼辛苦呢？」方的石頭嗤之以鼻：「我們現在這樣不是很好嗎？可以安坐在高處，一覽群山美景，周圍花團錦簇，我才捨不得離開這裡的山明水秀。再說，那路途太危險了，說不定會讓我粉身碎骨！」

於是，胸懷大志的圓石頭只好獨自一個人出發了。它隨著山溪滾湧而下，歷盡了許多風風雨雨和大自然的磨難，但卻不屈不

撓，義無反顧地在自己選擇的路途上奔波。

方的石頭聽說了圓石頭的遭遇，譏諷地笑了，表示：「早就警告過它了！高山上好好的安逸和幸福不享受，偏偏要到艱險的道路上去受折磨！看我，每天躺在這裡享受周圍花草簇擁的暢意舒懷，享受盤古開天時留下的那些美好景觀，這樣的生活多自然愜意啊！」

許多年以後，飽經風霜、歷盡世事的圓石頭，經過千錘百煉而成了人世間的珍品。

它被稱為石頭藝術的奇葩，被擺在展覽的會場裡，接受千萬人的讚美稱頌，享盡世間的富貴榮華。

方的石頭知道後，有些悔不當初，開始考慮著自己是不是也該效法圓石頭，把自己投入到風塵雨露的洗禮中，以便得到和圓石頭一樣的殊榮和成功。

可是，一想到在成功之前，還要先經歷那麼多的坎坷和磨難，甚至會弄得傷痕累累，運氣不好，說不定還會粉身碎骨，方石頭打了一個冷顫，又把這個念頭縮回去了。

許多年後的一天，人們為了更好好地珍存那些稀有石頭，準備為它們修建一座雄偉別緻的博物館，以供眾人瞻仰，這個博物館的建築材料也都全部用石頭。

他們一行人來到高山上，把平凡無奇的方石頭粉了身、碎了骨，替圓的石頭蓋起了房子。

法國文豪巴爾札克曾說：「困境是天才的晉身之階，信徒的洗禮之水，能人的無價之寶，弱者的無底深淵。」

逆境能夠促進一個人勤勞奮發，能夠使一個人發憤圖強，自

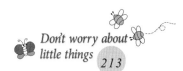

力更生，激發出自己尚未開發的潛能，到達自己想去的地方。

　　想要超越自己，想從荊棘叢中摘得玫瑰，就得經常給予自己新的刺激，擴展自己的視野，別因為小小的成果而志得意滿。

　　苟且偷安的心態人人都有，但是，大家也明明都知道，苟且偷安怎麼可能會成功呢？

　　一個人真正肯努力的話，是連刀山火海都願意去的，而且去得毫不猶豫，去得義無反顧，去得無畏無懼。

　　他知道自己最終想要得到什麼，自然不會把那些辛苦、危險放在眼裡。他用堅強的決心征服了一切恐懼、一切憂慮，這點你做得到嗎？

先把自己的格局放大

一個人假使底子不夠、見識不夠、志氣不夠，
「絕對值」不夠，怎麼可能說翻身就翻身？

　　富者越富，貧者越貧，舉世皆然。但你有沒有仔細想過，為
什麼有些人能夠從 A 升級到 A+，有的人卻一輩子只停留在 B 級，
難道真的是因為他們的八字不同、名字取得不一樣嗎？

　　還是因為A級的人，本身的「絕對值」比 B 級的人大！

　　有一天，一名園藝設計師向僱用他的富豪請教：「先生！我
看您的事業越做越大，光是您家裡的庭園就比普通人家的房子都
還要大上好幾倍，看了真教人羨慕。您是一棵根基穩固、越來越
茁壯的大樹，而我就像是樹上的一隻蟬，一生都只依附在樹上，
實在太沒有出息了。請您教我一點創業的方法吧！」

　　這名富豪一向宅心仁厚，聽了點點頭，對園藝設計師說：「好
吧！我看你在園藝方面很有才華，經營這方面的事業應該會很得
心應手。這樣吧！我的工廠旁邊有塊二萬坪的空地，我們就來種
一些樹苗吧！你知道一棵樹苗的成本大約要多少錢嗎？」

　　「四十元。」

　　富豪低頭盤算了一下，又接著說：「好！如果以一坪地種兩

棵樹苗來計算，扣除道路用地，二萬坪土地大約可以種二萬五千棵樹苗，成本剛好是一百萬元。三年後，樹苗應該長得和人差不多高了，到那個時候，一棵樹苗可以賣到多少錢？」

「我想，應該可以賣到三千塊吧！」

「那太好了，一百萬元的樹苗成本與當中栽培所需的費用都由我來支付，你就全心全意的負責澆水、除草和施肥等工作。這樣三年以後，我們就會得到相當多的利潤，到時我們一人分一半。」富豪認真地說。

不料，園藝設計師卻連連搖頭，富豪不悅地問道：「你是覺得分到一半的利潤還不夠嗎？」

「不，只是我沒做過那麼大的生意，」園藝設計師說：「這麼大的數字，我連想都不敢想，我看還是算了吧！」

德國心理學家奧肯曾經勉勵是人：「人要耐心追求目標，不斷地進步，在獲取無限的過程中，表現出驚人的成就。」

想要有驚人的表現，就得提升自己的「絕對值」。

有的人一賺是幾千萬、幾億元，一賠也是賠上天文數字的家產，有的人卻始終為了幾千、幾萬塊錢在搏命，哀聲歎氣過苦日子，兩者之間的差別，就在於他們的「絕對值」懸殊。

更精確的說來，一個人的「絕對值」代表他的眼光、志向、胸襟、氣度，代表一個人的「格局」。

一個人假使底子不夠、見識不夠、志氣不夠，「絕對值」不夠，怎麼可能說翻身就翻身？

想要飛上枝頭當鳳凰，得先看看自己具不具備鳳凰的條件。

PART II

尋找自己的
「第二個生日」

逝去的已經無法挽回，

但是，你卻可以改變自己的未來，

有什麼事情會比敞開心胸，

輕鬆迎接未來更重要的呢？

鑽牛角尖有什麼不好？

如果愛迪生不鑽牛角尖，經過多次的失敗，他
早就應該放棄了，怎麼還會有第一百零一次的
實驗？

越來越多人習慣接受已經固定的一切，卻忘了深究其中的原委，默默地遵循常理，卻不加思索其中的意義。殊不知，少了一些「為什麼」，人類終究只能停留在原地。

人必須有自己的思考體系和判斷標準，才能印證自己有多大價值。

不要人云亦云，只有真正能夠主宰自己生活的人，才能夠徹底發揮自己的專才，讓生命更加精采。

上課鐘已經響過了二十分鐘，數學老師站在講台上，手中拿著粉筆說：「現在，請各位同學在筆記本裡記下：平行的兩條直線，不管再怎麼延長，永遠也不會相交。」

學生們一個個低下頭認真寫著，教室裡只聽得見鉛筆在紙張上發出的窸窸窣窣聲。

「我再說一次，平行的兩條直線……咦！西多羅夫！你為什麼不做筆記呢？」老師好奇地問。

「我在想，它們為什麼不會相交呢？」

「什麼為什麼？剛才我不是講過了嗎？因為它們是兩條平行線啊！」

「如果把它們一直延長，延長到一公里、兩公里，或是很遠很遠的地方，它們也不會相交嗎？」

「是的。」老師一副理所當然的模樣。

「有人曾做過實驗嗎？」

「做什麼實驗？這個道理再清楚不過了，因為這是大家都認同的公理。」老師的語氣逐漸不耐煩起來，不明白這個問題學生為什麼總是有那麼多問題，斬釘截鐵地說：「公理就是不需證明的真理。」

「這麼說來，不論什麼定理都可以叫做公理，根本用不著證明了。」

這個學生怎麼講也講不通，真是孺子不可教也，老師勃然大怒：「我明白了，你是存心跟我唱反調，我從來沒有見過這麼頑劣的孩子，我不想跟你多說，你收拾書包回家去吧！」

「但是，我真的不明白。」

年少的西多羅夫一臉茫然，但是在老師嚴厲的眼神下，只好乖乖地收拾起書包，走出教室。

誰也沒想到，十二年後，這位被數學老師趕出教室的學生，竟然成為了一個舉世聞名的幾何學家。

鑽牛角尖不一定就是壞事，只要用對方法、鑽對地方，解決了自己的困惑，就有可能帶來意想不到的收穫。

我們經常勸人不要鑽牛角尖，其實那只是一種因循苟且的消極心理，認為多一事不如少一事。

　　想想看，如果愛迪生不鑽牛角尖，經過多次的失敗，他早就應該放棄了，怎麼還會有第一百零一次的實驗？

　　鑽牛角尖似乎自尋煩惱，有時看起來不符合經濟效益，但是有時卻是一種堅持、一種毅力、一種鍥而不捨的精神，許多領域的「新大陸」往往就是這樣被發現的。

　　只要往正面的方向發展，在需要印證的地方認真鑽研，「鑽牛角尖」又有什麼不好呢？

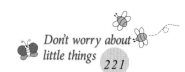
善用微笑的神奇魔力

微笑無處可尋，不能用錢買到，在你把微笑的魔
力施予他人的同時，自己也會感受到它的神奇。

法國著名的哲學家伏爾泰曾經說過：「所有的好事，都會發
生在天性開朗的人身上。」

開朗的人特徵就是臉上時時掛著微笑。

微笑不只是嘴角的牽動，更重要的是那一份發自內心的真誠；
大部分人最美的樣子，就是出現在真心微笑的時候。

臉部表情是內心活動的真實投射，一個人如果身心不安樂，
非但不會發自內心地綻放笑容，更會在臉孔上寫滿負面情緒。

不要小看這種陰沉的表情，它將清楚地訴說你是怎樣的人，
也將導致你的人際關係趨於冷漠。

法國巴黎的羅浮宮裡珍藏著一幅舉世聞名的畫作——達文西
所畫的「蒙娜麗莎的微笑」。

沒有人知道她為什麼微笑，有人說因為她懷著身孕，散發出
母親的微笑；也有人說因為她是畫家的情人，為了愛情而微笑。

其實，真正的原因是什麼並不重要，重要的是她正在微笑。

幾個世紀以來，她永恆的微笑不知給多少人帶來多少遐想，

全世界都為她的微笑而著迷。

雖然你不是蒙娜麗莎，但是你也同樣有一張臉，可以決定自己要哭還是要笑。一個真誠的微笑足以代表你這個人的內心世界，保持微笑不啻是人際社會最好的通行證。

根據一項實驗調查，微笑有助於人際溝通，也能提升業務推廣的效益。

日本某家大型百貨公司曾經舉辦專櫃小姐的「微笑比賽」，結果兩個禮拜間，百貨公司營業額比平時增加兩倍。

紐約一家百貨公司的主管也曾說過一句發人深省的話，他說：「我寧可僱用一位隨時帶著微笑的女孩，即使她連中學都沒讀過，也不會僱用一位讀過萬卷書卻不苟言笑、一副撲克臉的博士。」

你是屬於哪一種人呢？

是隨時泛著笑容，還是不苟言笑呢？

我們的喜與樂、哭與笑通常不是為了別人，而是為了自己。

牛頓說過：「愉快的生活是由愉快的思想造成的。」

微笑代表禮貌、友善、親切、關懷，不但能激勵你周遭的人，更是沮喪時的一劑強心針。

微笑無處可尋，不能用錢買到，在你把微笑的魔力施予他人的同時，自己也會感受到它的神奇。

哭哭笑笑都是人生，雖然人生的高低起伏有時令人哭不出來，也笑不出來，不過，只有在哭笑不得時，你才能體會，能夠隨心所欲地展露自己的表情，原來是一件多麼難得的幸福。

微笑就是一種幸福，盡情地笑吧！

用微笑的表情改變自己的心境

如果你板著臉孔，等於向世界宣告你的不幸，
別人見了一臉苦相，怎麼還會想跟你親近？
「貴人」又怎麼會出現呢？

幽默作家馬克吐溫曾經提醒我們說：「快樂即是健康，憂鬱即是疾病。」

因此，當你遭遇失敗挫折，或是身體面臨病痛折磨的時候，你更應該保持微笑，記得提醒自：快樂即是自己對抗一切不如意的法則。

一切都是心的作用，只要改變心境，你就能改變自己的處境。

很多年前，剛從護理學校畢業的恩美到一家醫院加護病房實習，病房裡有個胃癌末期的老人，飽受著病魔煎熬。大多時候，他連飯也吃不下，只能痛苦地蜷曲在床上。

病房裡是白色的牆壁，白色的天花板，白色的床單，蒼白的身軀；唯一和這個景象不搭調的，是這個病人身上的睡衣。他總是穿著一身色彩鮮艷的米老鼠圖案睡衣，衣服上的米老鼠笑容燦爛，正好和他承受的痛苦形成強烈的對比。

一天下午，恩美經過這個老人的病榻旁，看到他的臉孔因為劇列的疼痛而扭曲成一團。

「我馬上幫你叫醫生過來。」恩美親切地對他說，試著分散他的注意力，「你這件衣服的質料不透氣，或許在醫生來之前，我幫你換掉這身米老鼠睡衣，你會感到舒服一點。」

「不，我喜歡這件睡衣。」老人喘著氣說：「米老鼠提醒我別忘了微笑，這是醫生和護士做不到的。我知道妳是心地很好的女孩，願意幫助別人，但是，妳知道嗎？對一個將死的人來說，最大的幫助就是對他微笑，這已經是我們能夠看見最迷人的景色了。」

一個星期後，這個老人走了。在他臨終前，指名送給恩美一個禮盒，盒子裡是一件簡單的 T 恤，上面印著迪士尼高飛狗咧嘴大笑的圖案。

後來，恩美成為一個優秀的護士，她對待病人不只細心體貼，最重要的是她樂於對每個病人微笑。

這已成為她生命中重要的一部分，她在心裡永遠都穿著那件高飛狗的 T 恤，用笑容陪伴每一個奄奄一息的病人，讓他們即使到了生命的終點，都還能看見世界上最迷人的景色。

人生要走向何方，通常由自己的想法決定。想法一改變，人生也就跟著產生微妙的變化。

遭遇失敗挫折，甚至陷入絕望境界的時候，人往往會對未來感到悲觀和沮喪，覺得周遭盡是可惡的人和討厭的事。

但是，只要靜下心來檢討，就不難發覺問題其實出在自己身上。假如我們願意改變一下應對的態度，改變一下腦中的負面念頭，把眼前的際遇當成是希望來臨之前的曙光，那麼就可以輕鬆改變自己的未來。

當你越不如意的時候，越要記得保持微笑，如果你想遠離失敗和挫折的不愉快記憶的話。

或許你會覺得，心情明明已經很鬱悶，還要強顏歡笑，不是很強人所難、太「假仙」了嗎？

但是，反過來說，如果你板著臉孔，等於是向世界宣告你的不幸，別人見了你一臉苦相，怎麼還會想跟你親近？你的「貴人」又怎麼會出現，使你把壞事轉變好事呢？

富者越富，貧者越貧，或許就是源自於這樣的因果關係啊！

想想看，每天一起床，你希望迎接你的是一張燦爛的笑臉，還是一張陰霾的苦瓜臉呢？

所以，當你想讓自己的壞心情變好，就請你也用同樣的臉蛋來迎接這個世界吧！

尋找自己的「第二個生日」

逝去的已經無法挽回，但是，你卻可以改變自
己的未來；有什麼事情會比敞開心胸，輕鬆迎
接未來更重要的呢？

　　你知道生命當中什麼事情是重要的，什麼事情又是不重要的
嗎？也許，必須等你找到自己的「第二個生日」，對生命的存在
意義有更徹底的體認，你才有辦法加以界定。

　　我們很容易把每件事情都看得太過重要，為它擔憂，為它難
過，為它徹夜難眠；然而事過境遷，你可能又會發現，那些事情
其實都只是你生命海洋裡，不經意激起的漣漪，根本不值得為它
們耗費那麼多心神。

　　一九四五年三月，太平洋戰爭正進行得如火如荼，一位美國
海軍士兵在印度支那半島附近海域的潛水艇上服役。

　　某晚，潛艇從雷達上發現有一支日本艦隊正朝潛艇的方向開
過來，緊急中，潛艇立刻發射五枚魚雷，卻都未命中目標。

　　眼看著日軍離潛艇越來越近了，潛艇連忙往深海潛去，潛到
二百七十六英呎深，並且關閉所有冷卻系統和發電機。

　　大約三分鐘後，他感到一陣天崩地裂，因為有六枚深水炸彈
在潛水艇四周炸開，炸彈的力量把潛水艇擠到更深的海底。

　　敵軍仍不罷休，無情的炸彈不停地往水裡投下；整整十五個小時，潛水艇裡的官兵都活在陣陣砲火之中，萬一有某些深水炸彈爆炸的地方距離潛水艇太近的話，潛艇必然會被炸出洞來，他們存活的機率就很渺茫。

　　這短短十五個小時，他卻感覺漫長得有如十五萬年。人在將死之前，一生的畫面會從眼前閃過，原來這個傳說是真的；他想起自己過去的生活，想起了自己小時候做過的壞事和以前曾經擔心過的事。他以前老是擔心自己長得不夠高，沒有錢買房子，沒有錢買車子，沒有錢給老婆買漂亮的衣服，甚至在最珍貴的青春歲月裡，他花了最多的時間在為臉上的青春痘發愁。

　　當年，那些自己認為不得了的大事，此時此刻都顯得那麼微不足道，而他竟然曾花了那麼多精神在上面！

　　戰爭結束後，這位海軍士兵提及服役期間的點點滴滴時說，熬過敵軍的攻擊後，他覺得自己徹底改變了，而遭受日軍攻擊的這一天，無疑就是他的「第二個生日」。

　　到了生命危在旦夕的關頭，一切過去我們耿耿於懷的小事，幾乎都不再重要，於是我們對生命的意義和境界會有全新的領悟。

　　當然，現在的生命，正是過去的延續，如果沒有從前的失意與錯誤點點滴滴累積，又怎麼會有今天的成長呢？

　　就把那些看似重要的小事，當作是生命的足跡。

　　每件事在發生的時候，我們都會覺得它很重要，卻不能太過執著，凡事適度應對，心情就會輕鬆。

　　人生苦短，逝去的已經無法挽回，但是，你卻可以改變自己的未來；有什麼事情會比敞開心胸，輕鬆迎接未來更重要的呢？

壞事，來自負面的自我暗示

你相信什麼，你就會得到什麼，把你的心理暗
示，用在正面的地方吧！

大文豪以撒‧辛格曾經說過：「如果你一再地說『大事不
妙』，你倒真有可能未卜先知。」

儘管我們很難不受大環境波及，但是你相信嗎？我們生活中
的許多不幸與苦難，其實始作俑者往往都不是別人，而是自己。

若不是你自己一直在「唱衰」自己，那些你不想碰到的壞事，
又怎麼會全都找到你頭上來了呢？

小傑一直生活在鄉下，家裡依靠種田維生。

有一天，他在看父親犁田時，突然放聲大哭起來。父親嚇了
一跳，關心地摸著小傑的臉蛋，問他究竟是怎麼一回事。

五歲的小傑語帶哽咽，一邊擦著眼淚，一邊說：「我……我
怕旁邊那隻大狗會咬我。」

父親聽了，仔細瞧一瞧四周，小傑所謂「旁邊的那隻大狗」，
離他們至少還有兩百公尺遠。

從小到大，小傑都十分熱衷於「擔心」這件事。

要是天氣不好，下起大雨，他就開始擔心會被雷劈死，連家

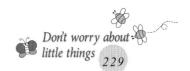

門都不敢踏出去一步；過年時，他擔心領不到紅包，會被其他小朋友嘲笑。

另外，他還怕死後見到閻羅王，閻羅王會叫他上刀山下油鍋；他還怕自己長得不夠帥，將來沒有一個女孩子會嫁給他。

在他稍稍長大後開始下田，心力花費最多的不是農田裡的工作，而是在腦海裡不斷思索這些讓他憂心的問題；只是，既然它們還沒有發生，小傑也想不到該如何解決。

日子一年一年過去了，小傑逐漸長大，儘管他長年擔心的事情百分之九十九根本都不曾發生，但他還是相信會有那百分之一的可能。

「做人不能太鐵齒」，小傑始終遵守這個信條。天有不測風雲，人有旦夕禍福，為了預防所有的不測，他把所有的錢都藏在家裡的暗櫃裡，認為這是最安全的地方。

不料某一晚，鄰居家失火，熊熊大火一下子就蔓延到他們家，還來不及搶救，所有的鈔票都已經被燒成灰燼，化為烏有。

小傑眼看著自己家園變成廢墟，傷心之餘，嘴裡不斷唸唸有詞地說著：「我早就知道！我早就知道！」

我們的周遭有太多這樣未卜先知的悲觀「預言家」，你可以說他們見微知著，也可以說他們杞人憂天，每天窮極無聊地以負面的暗示詛咒自己。

想想看，如果你參加一項賽跑，一開始就斷定自己會輸，那麼，即使你原先跑在最前面，也必定會不時想著自己一定會被後面的人超越。

抱持著這種負面心態，你還能有多少勝算？

　　烏鴉嘴之所以會特別靈驗，就是這個道理。

　　成功的人一心只想著「我一定要成功」，失敗的人卻滿腦子都是「我一定會失敗」。

　　你相信什麼，你就會得到什麼，沒有一個鐵口直斷的算命師，會比你更能影響自己的命運！

　　把你的心理暗示，用在正面的地方吧！

　　只有這樣，你才能把壞事變成好事。

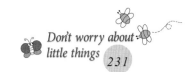

改變自己才能改變命運

如果想要跑得比別人快，就要把你自己變成一隻
兔子；你認為自己像什麼，結果就會是什麼。

很多人光會抱怨自己的境遇，卻很少人願意真正嘗試改變自己的處境，因此跳脫不出所謂的「宿命」。

俄國著名的小說家契訶夫提醒我們說：「人，就是你自己所認為的樣子。」

你一定要相信，你有能力改變自己的樣子。

過年時，莉莉從台北回南部探望小君。

兩個多年不見的老朋友一見面分外熱絡，餐桌上，兩人無話不談，不停高談闊論，聊到興奮處，甚至忘形地大聲喧嘩，引來鄰桌客人的白眼。

在南部工作的小君不斷向莉莉大吐苦水，抱怨自己的工作，例如公司福利不好，薪水不到兩萬五，做了兩年也沒有加過薪；每天坐在辦公桌前，工作內容一成不變，自己都快要變成乾燥花；又抱怨老闆脾氣暴躁，升等制度不公，剛上任的女經理原來跟老闆的弟弟有一腿……

莉莉聽了，覺得又好氣又好笑，擱下筷子，抬起頭對小君說：

「既然做得這麼不愉快，為什麼不乾脆跳槽呢？妳可以試著換換環境啊！」

小君沉默了一會兒，無奈地說：「時機不好，妳又不是不知道。我只有高職畢業，英文、電腦又不夠熟練，哪能找到更好的工作啊？」

莉莉看著老友無精打采的神色，笑著說：「我跟妳一樣，也只有高職畢業啊！但是我想過，也許現在沒有更好的工作機會，但是幾年後或許會有，所以我即使每天工作十幾個小時，下班後都還去圖書館或上網找資料，補充我的專業知識。」

莉莉接著說：「等到存了一點錢，我還打算去讀夜校，提升自己的競爭力。我每天連吃飯的時間都分秒必爭，一餐飯吃不到二十分鐘。妳啊！一碗飯吃了快兩個小時了，還沒有吃完！」

小君一句話也說不出來，終於明白自己究竟輸在哪裡了。

喬治・彭斯曾說：「如果事情不是你能控制的，那就沒有必要發愁，如果你還有辦法可想的話，那麼還有什麼好愁的？」

確實，一般人的苦惱、鬱悶，往往來自於對某些小事患得患失，卻不願理智地採取相對應的措施。

人生在世，許許多多糾纏不清的困擾和煩惱，其實都源自於我們不願意認真活在當下，不願意冷靜理智面對眼前的際遇，才會陷入自尋煩惱、作繭自縛的心靈禁錮之中。

負面的想法足以敗事，僵化的思維讓人一事無成。人往往因為改變不了消極的念頭，掙脫不了狹隘的視野，才會失去成功的機會。

當你在面臨失敗的時候，只要你肯放下驕矜、自艾的心態，

改變一下自己原本的念頭，就能夠讓自己成功。

　　眞正的成功者，經常是那些勇於超越自己的人。

　　也許你沒有顯赫的家世背景，沒有令人羨慕的耀眼學歷，但是，只要你願意面對現實，願意面對自己，進而超越自己，將每一個挫折都當作成功的起點，照樣會有輝煌的成就。

　　還記得龜兔賽跑的故事嗎？烏龜由於兔子的偷懶，僥倖贏了這場比賽，關鍵不是努力，而是運氣。

　　如果你到現在還學烏龜一步一腳印，恐怕你連兔子的尾巴都不一定見得到，因爲大家都從故事裡學到教訓了，哪裡還有這麼笨的兔子？

　　龜兔賽跑若發生在現實世界裡，烏龜肯定是輸家，那麼，爲什麼你還要當一隻慢吞吞的烏龜呢？

　　不要存著僥倖的心理，以爲老天爺會無條件地眷顧你，如果想要跑得比別人快，就要把你自己變成一隻勤快的兔子。

　　沒有人可以改變自己的命運，如果不懂得先去改變自己的話。你認爲自己像什麼，結果就會是什麼。

出點力氣才能抓住運氣

莎士比亞曾說：「只有『貧窮』是不勞而獲的
東西。」趁著你還有力氣，趕緊抓住幸運之神
的手吧！

有沒有想過，如果想要得到成功，你願意付出哪些代價？

許多人窮苦一生，不努力改變，卻總是埋怨幸運之神不眷顧
他們。或許他們比別人都渴望成功，但是願意付出的代價卻少之
又少，如此，貧賤一生不是沒有道理的。

幸運之神經常向人伸出手，只是人們大都著眼於眼前的事物，
專注於自己的想法，沒有好好把握身邊這雙善意的手……。

在一個美麗的村莊裡，某天來了一個衣衫破爛的乞丐，看上
去只有三十出頭，長得高頭大馬，非常結實。

這個乞丐每天端著一個破碗，挨家挨戶討飯，居民們只要隨
便施捨他一些饅頭或稀飯，他就會頻頻道謝，開心得不得了。

在村莊裡待了一陣子，大家憐憫他四處討飯、無以維生，又
看到他塊頭或力氣都非常，一輩子做乞丐未免太埋沒，認為他花
些力氣來打打零工，至少比討飯要強得多。因此，有人想介紹他
去工廠工作，並允諾給他一份足以衣食無虞的工資。

沒想到這名乞丐竟一口回絕，理直氣壯地說：「幫人打工掙

錢多辛苦啊！不如這樣每天討飯，不費一點心力就有東西吃。」

只是，他這樣終日在村子裡閒晃，有手有腳卻無所事事，日子久了，居民們也看不過去，逐漸再也沒有人願意施捨給他食物，這個乞丐也只好離開村莊，另謀生路去了。

當乞丐到了另一個村莊時，遇見一位老人。這個老人每天傍晚都會到垃圾箱裡去撿垃圾，他是個駝背，使原本就矮小的身軀顯得更加矮小，只有和垃圾箱一般高。

為了撿到箱子裡的垃圾，他必須把臉緊緊地靠在垃圾箱上，否則手就無法碰到裡面的「寶貝」。

他的臉靠的地方總是藏污納垢，集合整個垃圾箱的「精華」，但是老人卻絲毫不以為意，往往看著好不容易掙來的「戰利品」，一邊走在回家的路上，一邊盤算著這些東西可以換來多少錢，顯得格外高興。乞丐看到這一幕，不由得潸然淚下，終於明白從前自己是多麼的幸運。

幽默劇作家蕭伯納曾經說過：「人生有兩個悲劇，一個是缺乏自信，另一個是失去熱情。」

缺乏自信與失去熱情，就等於失去了靈魂。失去靈魂的人，活在這個世上，就只是行屍走肉，就算遇見可能的好事也不曉得把握。可憐之人必有可恨之處。種什麼因得什麼果，不努力的結果，不只一事無成，更有可能會無法生存。

這年頭很不好混，連做乞丐也是要付出代價的，今日不把握機會好好努力，也許你明日連乞丐都當不成。

莎士比亞曾說：「只有『貧窮』是不勞而獲的東西。」

趁著你還有力氣，趕緊抓住幸運之神的手吧！

PART 12

勇敢付出，
人生才會愉快

或許愛一個人會有心痛，會有擔憂掛懷，

但也只有透過愛，

才能讓我們與他人建立起緊密的聯繫。

靠自己，才能得到真正的勝利

求人不如靠自己，有什麼想做的就自己去做；
有什麼想求的，就靠自己的雙手去爭取，這才
是最「操之在己」的做法。

　　有一位波蘭的藝術家曾經寫道：「大理石雖然是珍貴的，但
它本身卻變不成什麼東西；只有當雕刻家把它變成一個傑作的時
候，它才有真正的價值。」

　　是的，我們在塑造一件東西的同時，也會賦予它意義。即便
它原本可能只是一塊石頭、一棵樹、幾片鋼鐵，我們把它塑成了
自己想要的樣子，然後，在它身上投注了我們的情緒與期待。

　　這些期待，就是物品本身的價值所在。

　　老周帶孩子到南部鄉下玩，順道參訪南台灣的寺廟，才發現
台灣的佛像愈來愈多，而且好像在比高一樣，十幾層樓高的大佛
到處都是。連一些很小的寺廟前面也蓋了大佛，在視覺上造成一
種荒謬之感。

　　有一天，老周帶孩子參觀一座剛落成不久的大型佛像，高度
約有十幾層樓那麼高。孩子突然指著大佛說：「爸爸，大佛的頭
上有避雷針。」

　　「是嗎？」老周順著孩子的手勢往上看去，由於大佛太高了，

過分的仰視竟使他的帽子落下來。

孩子問老周：「大佛的頭上爲什麼要裝避雷針呢？」

老周說：「因爲大佛也怕被雷打中呀！」

孩子又問道：「佛爲什麼怕被雷打中？在天上，是不是雷公最大？」

孩子的話，使老周無法回答而陷入沉思：千里迢迢跑來禮拜，祈求能保佑我們平安的佛像，自己也怕被雷打中呢！如此說來，佛像既不能保佑自身的安危，又怎麼能保佑我們這些比佛像更脆弱的肉身呢？

佛像本來就是人做，自然不擁有保佑我們的神力；能夠保佑我們的，應該是天上的神明才對。

但不論如何，佛像是人們對於「信仰」的投射，就像我們會把很多想法、情感與情緒投射到一個物品，甚至一個人的身上一樣。或許這樣做並不科學，但人身爲情感的動物，卻常常對這一點「明知故犯」。

小時候很想學些什麼才藝，但一直無法如願，便將這種情緒投射到孩子身上，要他們學鋼琴、心算、電腦。哥哥年輕時沒辦法念好學校，拼死也要讓弟弟進大學，念個碩士博士回來。無法得到心上人的愛，只好苦練她最崇拜的吉他；將自己對某一片土地的感情，轉換到對某種政治立場的支持……

這些都是「投射」的例子，也是我們每天都在做的事。

這樣的投射是好是壞，暫且不去評論，因爲每件事情都有它的成因，每個人也有之所以會這麼做的理由。

值得要注意的是，這樣的投射是否合理公平？是不是把自己

無法完成的期待，放在一個並不想要的人身上？是不是把不屬於它的力量，映射在沒有生命的東西身上？

　　別忘了，求人不如靠自己，有形的東西都會有毀滅的一天。如果有什麼想做的，那就自己去做；如果有什麼想求的，就靠自己的雙手去爭取，這才是最直接、最「操之在己」的做法。

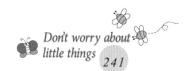

有自信，才能面對人生的困境

獨立是為了自尊，也是為了自信，它讓我們有
力量面對人生路上的暴風雨，不論是否途中是
否只有自己一個人孤身獨行。

法國文學家雨果曾經說過：「我寧願靠自己的力量，打開我
的前途，而不願求有力者垂青。」

相信自己、依靠自己！自信心是我們一切力量的來源，不管
是順遂的時候或困難的時候，它都會給我們無上的力量。

話說，大文豪蘇東坡有一次和佛印禪師來到一座寺廟，看見
觀世音菩薩的身上戴著念珠。

本來佛像的身上有什麼東西，一般人是不會去在意的，但蘇
東坡看到這個雕刻的念珠，卻不禁起了疑心，於是問佛印禪師：
「觀世音菩薩已經是佛了，為什麼還戴念珠？祂是在念誰呢？」

佛印聽了，便答道：「祂在念觀世音菩薩的名字。」

蘇東坡大奇，又問：「祂自己不就是觀世音菩薩嗎？」

佛印禪師說：「求人不如求己呀！」

最近讀了一本理財的書，開宗明義第一句話就是：「女人要

有錢！」

　　書裡寫道，不論妳是否嫁了一個有錢的老公、是否生長在一個富裕的家庭，都要懂得為自己累積財富。因為，向別人伸手要錢的日子不但不好過，萬一哪一天妳的靠山倒了、死了、病了、跟人跑了，那妳又應該怎麼辦？

　　別笑笑地說：「不會吧？」未來會怎麼樣沒有人曉得。再深愛的人，不論彼此之間的羈絆有多深，畢竟還是不相同的兩個個體。只有自己永遠不會離棄自己；也只有自己，才是我們唯一能夠全盤掌握的。

　　西班牙宗教家拉格西安曾這麼說過：「在任何一種時尚、任何一個世紀中，你都應該追求獨立。」

　　獨立是為了自尊，也是為了自信，它讓我們有力量面對人生路上的暴風雨，不論是否途中是否只有自己一個人孤身獨行。

　　別忘了，在這個時代唯一能對自己「不離不棄」的不是別人，正是我們自己。

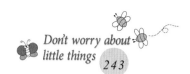

自作聰明，容易掉入陷阱

真正善於算計的人，不會以「聰明」自我標榜，而是懂得「扮豬吃老虎」，等「聰明人」自投羅網。

莎士比亞曾說：「聰明人是一條最容易上勾的游魚，因為他恃才傲物，看不見自己的狂妄。」

問問自己：你覺得自己是個「聰明人」嗎？別急著承認或否認，不妨先來讀一讀這個故事吧！

有一位歐巴桑，靠著「什麼都吃，就是不吃虧」、「什麼都佔，特別愛佔便宜」的原則行走江湖，在大大小小的週年慶、大拍賣中征戰無數。

一天，這位歐巴桑在首飾店裡看到兩隻一模一樣的手環。一個標價五百五十元，另一個卻只標價二百五十元。

她大為心喜，左看看右看看，連忙將那個標價二百五十元的手環拿到櫃檯算帳，臉上不動聲色。

付錢時，歐巴桑還故意跟店員閒話家常，企圖轉移對方注意力。最後順利結完帳，她掩不住臉上的喜色，得意洋洋地走出店門口，心想：「這下賺到了！」

在那位歐巴桑踏出店門後不到三秒，只聽見店員悄悄對另一

個店員說：「看吧，這一招屢試不爽。」

屢試不爽的是人的貪婪成性？還是人的自以為聰明？抑或兩者皆是呢？

這種試探就如同一塊餌，可以輕而易舉使許多人顯露出貪婪的本性，讓他們乖乖上勾；說到底，撿了這種「好康」不但不是佔了便宜，還常常是吃虧受騙的開始。

這就是自以為聰明的人最容易犯的錯誤：總是覺得「別人傻瓜，自己聰明」，卻不知道道高一尺，魔高一丈！

真正頭腦好、善於算計的人，並不會以「聰明」自我標榜，而是懂得「扮豬吃老虎」，露出一副被害者的樣子，等著「聰明人」自投羅網。

在這種人身上，你以為發現了可以佔對方便宜的「好機會」，其實卻是掉進對方等著讓你吃大虧的「局」。

簡單說來，他未必是真傻瓜，你也未必是真聰明，最重要的關鍵是：最後笑的人到底是誰？

勇敢付出，人生才會愉快

或許愛一個人會有心痛，會有擔憂掛懷，但也只有透過愛，才能讓我們與他人建立起緊密的聯繫。

　　瑞士思想家希爾提曾說：「沒有愛，不可能有真正的幸福；有了愛，絕對不會有永遠的不幸。」

　　不知道，這句話你是否同意呢？

　　一天，一個盲人帶著他的導盲犬過街時，被一輛大卡車撞死，他的導盲犬為了守衛主人，也一起慘死在車輪底下。就這樣，主人和這一隻狗一起來到了天堂門前。

　　一個天使攔住他倆，說道：「對不起，現在天堂只剩下一個名額，你們兩個必須有一個下地獄。」

　　主人一聽，連忙問：「我的狗又不知道什麼是天堂，什麼是地獄，能不能讓我來決定誰去天堂呢？」

　　天使鄙視地看了主人一眼，想了想之後說：「很抱歉，先生，每一個靈魂都是平等的，你們要透過比賽決定由誰上天堂。」

　　主人失望地問：「哦，什麼比賽呢？」

　　天使說：「這個比賽很簡單，就是賽跑，從這裡跑到天堂的大門，誰先到達終點，誰就可以上天堂。不過，你也別擔心，因

為你已經死了，所以不再是瞎子，而且靈魂的速度跟肉體無關，越單純善良的人速度越快。」

主人想了想，便同意了。

天使等主人和狗準備好，就宣佈賽跑開始。這位天使滿心以為主人為了進天堂，會拼命往前奔，誰知道主人一點也不忙，慢吞吞地往前走著。

更令天使吃驚的是，那條導盲犬也沒有奔跑，只是配合著主人的步調在旁邊慢慢跟著前進，一步都不肯離開主人。

天使恍然大悟：原來，這條導盲犬已經養成了習慣，永遠跟著主人行動，在主人的前方守護著他。可惡的主人正是利用了這一點，才胸有成竹，他只要在天堂門口叫他的狗停下，就能輕輕鬆鬆贏得比賽。

天使看著這條忠心耿耿的狗，心裡很難過，於是大聲對狗說：「你已經為主人獻出了生命，現在，你的主人不再是瞎子，你也不用領著他走路了，快跑進天堂吧！」

可是，無論是主人還是他的狗，都像是沒有聽到天使的話一樣，仍然慢吞吞地往前走，好像在街上散步似的。果然，離終點還有幾步的時候，主人發出一聲命令，狗聽話地坐下了。這時，主人轉過頭對天使說：「我終於把我的狗送到天堂了，我最擔心的就是牠根本不想上天堂，只想跟我在一起……所以才想幫牠決定，請你好好照顧牠吧！」

主人留戀地看著自己的狗，又接著說：「陪伴了我那麼多年，這是我第一次可以用自己的眼睛看著牠，忍不住想要慢慢地走，多看一會兒。如果可以的話，真希望能像這樣永遠看著牠走下去。不過，天堂已經到了，那才是牠該去的地方。」

說完這些話，主人向狗發出了前進的命令，就在狗到達終點

的一刹那，主人像一片羽毛似地落向了地獄的方向。忠心護主的狗兒見了，急忙掉頭追著主人狂奔。最後，導盲犬又跟主人在一起了，即使是在地獄，這隻狗兒也永遠守護著牠的主人。

愛的力量，將盲人與他的導盲犬緊緊繫在一起；也是愛的力量，讓他們不論身處天堂或地獄，不論為對方做什麼樣的犧牲，都能夠甘之如飴。

像這樣的愛，並不是每個人都有辦法擁有的。因為人與人之間的關係裡有太多的算計與自私。

可以說，一個人越是「聰明」，就越難以用一種「純粹」的心對待自己所愛的人。甚至，有人會問：「我為什麼要去愛人呢？只要好好愛我自己，那不就好了嗎？」

俄國作家列夫·托爾斯泰曾經這麼說：「愛是神奇的，它使得數學法則失去了平衡：兩個人分擔一個痛苦，只有半個痛苦，而兩個人共享一個幸福，卻有兩個幸福。」

愛的神奇在於此，愛的奇蹟也正是在於此。當你只有一個人的時候，世上的狂風暴雨，你必須獨自承受；這個世界的奧妙與神奇美麗，也無法找到人分享。想想，這是多麼寂寞的事呀！

不論你有多麼畏懼「付出」，還是讓自己放開心去愛吧！或許愛一個人會有心痛，會有擔憂掛懷，但也只有透過愛，才能讓我們與他人建立起緊密的聯繫，一起歡笑、一起憂愁，一起走過人生的道路。

永恆真愛，不一定非要燦爛

> 真正的愛並不用燦爛而美麗，也不用富裕虛
> 榮，更不用太多大喜大悲的陪伴，或許淡淡
> 的，但足以長長久久，那就足夠了。

這個世界上充滿了太多用完即丟、吃完就好的速食品，免不
了也會看到許許多多連愛情也變得「速食」的人。

但為什麼在這個時代，「兩心相許」、「兩情若是久長時，
又豈在朝朝暮暮」，會是這麼困難的事呢？

從前有一個小島，上面住著快樂、悲哀、知識和愛，還有其
他各類情感。

一天，情感們得知小島快要下沉了，於是大家都準備船隻要
離開小島。

過了幾天，眼看小島即將沉沒，卻唯有愛找不到人幫忙。這
時，富裕乘著一艘大船經過。愛說：「富裕，你能帶我走嗎？」

富裕答道：「不，我的船上有許多金銀財寶，沒有你的位
置。」

不久，愛看見虛榮在一艘華麗的小船上，於是說：「虛榮，
幫幫我吧！」

虛榮嫌惡地拒絕了：「我幫不了你，看看你，全身都濕透了，

會弄髒我這條漂亮的小船。」

悲哀過來了，愛想向他求助：「悲哀，讓我跟你走吧！」

「哦……愛，我實在太悲哀了，想自己一個人待一會兒！」悲哀答道。

此時，快樂走過愛的身邊，但是由於她太快樂了，竟然完全沒有聽到愛呼喚她的聲音。突然，有個聲音出現了：「來吧！愛，我帶你走。」

是一位長者，但是愛大喜過望，卻忘了問他的名字。登上陸地以後，長者獨自走開。愛於是詢問知識：「你知道幫我的那個人是誰嗎？」

「他是時間。」知識老人答道。

「時間？」愛問道：「為什麼他要幫我？」

知識老人笑道：「因為只有時間才能理解愛有多麼偉大呀！」

看看許多好萊塢巨星的戀愛史，往往一場婚禮花了幾百萬美金，結果不到半年，片酬統統變成巨額贍養費賠給對方。而這段過程，還不斷重複，唯一改變的，就只有對象的不同。

可悲的是，不只有一兩個人如此，也不是只有特定的族群如此，在我們身邊，短暫的愛情與婚姻比比皆是。

相信每個人的一生，總希望能夠得到一次真正的愛情，只是，究竟何謂「真愛」呢？

法國有句諺語說：「真正的愛情不會隨著白髮而衰老。」

這份真正的愛並不用燦爛而美麗，也不用富裕虛榮，更不用太多大喜大悲的陪伴，或許淡淡的，但足以長長久久，那就足夠了。

做孩子的燈塔，而非揠苗助長

孩子的天賦如何，常常是勉強不來的，我們應
該做的，是幫助他們找到適合自己做的事，鼓
勵他們做自己。

「不要讓你的孩子輸在起跑點上」是近年來十分流行的話。

它總是搭配著一些與兒童有關的商品一起出現，彷彿時時刻
刻在提醒父母：孩子的學習不能等，要讓他一開始就高人一等！
可是，如果有些孩子生來就是沒有辦法「先贏在起跑點」上，那
又應該怎麼辦呢？

從小學開始，小宣就一直很努力地學習，但成績卻總是平平。
不論是國語、數學、自然，還是其他科目，甚至是體育或才藝課，
從來就沒有得到「出色」的成績。有一段時間，小宣對自己失去
了信心。他很不快樂，也很沒有自信，覺得自己沒有用，不明白
自己為什麼要生在這個世上。

有一次，父親帶小宣去公園，指著園內的兩排樹問他：「你
知道那些是什麼樹嗎？」

小宣一看，一排是白楊，一排是銀杏。與高碩的白楊相比之
下，銀杏顯得十分矮小。

父親說：「我問過公園管理員，這兩排樹是同時栽下的。栽

下時兩種樹都一樣高，它們享受同樣的陽光，同樣的水土，同樣的條件，但你知道為什麼到後來，只有白楊長得高碩，而銀杏卻生得矮小嗎？」

小宣低頭思索半晌之後還是不知道答案。

父親見小宣回答不上來，便接著說：「孩子，要知道，珍貴的東西總是慢慢成長地呀！」

是的，珍貴的東西總是慢慢成長，銀杏雖然長得慢，但是它可以活上千年之久，又何必與白楊爭著長大？

那些忙著把孩子送到補習班，忙著要把學識與才藝課像灌鴨子一樣填進孩子頭腦裡的父母，當然很愛自己的孩子，但有的時候過分操之過急，卻反而會害了他們。

做父母的應該擔任起陽光、空氣、水土的角色，讓孩子們能夠在自己的幫助之下，自由自在成長，長成最適合他們的樣子，不必揠苗助長，讓他們自自然然地發揮自己。

即使成長的速度遲了一些也不要著急，因為孩子的天賦如何，常常是勉強不來的，我們應該做的，是幫助他們找到適合自己做的事，鼓勵他們勇敢地做自己。

別害怕孩子成為長得慢的銀杏，只要隨著上天給予孩子的天分發展，不論未來他長成什麼模樣，都一定能夠穩穩的長大成熟，不會因為一點風雨的侵襲便搖搖欲墜。

有麵包，愛情才會更牢靠

為了能讓愛情長久穩定的綿延，比起滿口情話
卻餓著肚子，努力賺錢或許才是最實際的。

錢真的能買到一切，你相信嗎？

或許，每個人對於這個問題，會有許許多多不同的見解和答
案；但無論如何，可以肯定的是，要是缺少了賴以維生的麵包，
相信沒有人會有多餘的力氣顧及愛情。

某個綜藝節目現場，女主持人氣勢咄咄地問一名男嘉賓，為
什麼那麼在乎錢，只見男嘉賓平靜地回答：「因為錢能買到一
切！」聽到這句話，現場的觀眾嘩然了。

男嘉賓微笑地說：「我們做個測試吧。要是你的仇人愛上你
的女友，想要你退出，對方出多少錢要你這麼做，你才會答應？」
所有的觀眾都很不屑這種論調，於是男人緩緩開出第一個價格：
「那麼五萬！」

現場的觀眾鬆了口氣，論點很集中：「五萬？簡直是瞧不起
人，為了五萬放棄愛情？這根本是放棄了自己的人格。」

接著，男人開出第二個價格：「五十萬！」

現場的聲音小了很多，一部分人開始自己的計算了，過了好

一會兒，絕大多數的男人依然選擇了否定，身邊的女友紛紛感動地看著他們。

只有少數的人接受了這五十萬，一個人說：「因為自己沒有錢，父母苦了一輩子，臨老了生病沒錢醫治，為了父母，所以放棄愛情。」

男人接著開出了第三個價格：「五百萬！」

一半的男人沉默了，另一半的男人怯生生地說：「我要愛情。」身邊的女友有點呆住了，一名女孩甚至站起來說：「如果一個男人肯出五百萬，我想我沒有理由拒絕他。」

沉默的男人選擇金錢的原因，是因為五百萬可以買房子、車子，讓全家過上好日子，甚至可以開始自己的事業。

男人接著開出了第四個價格：「五千萬！」

全場頓時沸騰起來，只有一個人依然選擇了放棄，他解釋道：「我的愛情是無價的。」但當問到他的女友是否感動的時候，女友卻說：「我雖然感動，但我更感動的是有人願意為了我付出自己的五千萬，而不是放棄別人的五千萬；我男友的觀點很可敬，但是並不現實。」

最後，那位嘉賓說：「我相信愛情，更相信所有的人性，所以我努力地賺錢、愛錢。我只是不希望我的愛情和人性，受到別人的金錢考驗罷了。」

為什麼幾乎所有的人都選擇了金錢？現場情侶們的想法，從一開始的不屑到最後的為難，只是因為金額的變化而完全改變了。都說愛情是無價的，但面對錢多錢少的時候，大家的表現卻又如此不同。

　　也難怪那位嘉賓要說，努力賺錢不是爲了收買人心，只是不想要自己所愛的人的心被收買走。但是，等到他眞的擁有五千萬的時候，還能夠確定自己的愛人之所以愛自己，完完全全沒有受到錢的影響嗎？

　　這個問題很微妙，同時也困擾著世上的情人們。愛情如果透過了交換還稱得上是愛情嗎？

　　或許，被錢換走的已經不是愛情，而是一種所有權，眞正的愛情則已遠去。

　　但不論如何，經濟條件確實是兩個人在一起的時候必須考慮到的一項切身問題。就像作家三毛所說：「愛情如果不落實到穿衣、吃飯、睡覺這些實實在在的生活上，是不容易天長地久的。」因此，爲了能讓愛情長久穩定的綿延，比起滿口情話卻餓著肚子，努力賺錢或許才是最實際的呢！

用心就能改變自己

只要肯用心，

「記性不好」就不會是阻撓自己的藉口。

端看你願不願意花心力找出解決的方法，

如此而已。

懂得欣賞，也是一種學習

如果我們能用開放的心靈，用心發掘他人的
好，虛心學習，不也能讓自己的智慧在無形中
獲得新的進步，永遠不乾涸嗎？

　　法國物理哲學家帕斯卡曾經說過這麼一句很有意思的話，他說：「一個人的理解力越強，就越能發現別人的新穎獨到之處；普通人則找不出人與人之間的任何差別。」

　　這句話或許有些難以瞭解，不過，如果用自己擅長的領域來比喻，大概就能夠瞭解它的意思了。

　　熟悉流行音樂的人，一定能夠分辨出某一首歌，主唱者究竟是誰；一個瞭解繪畫的人，也能夠分辨出一幅圖畫的畫風如何。即使某些歌、某些畫，在普通人眼中「聽起來都一樣」、「看起來都一樣」，但這些人就是具備了「分辨」的能力。

　　同樣的，一個對於人的智慧有高度領悟與瞭解的人，也同樣能在日常生活中，別人沒有察覺的地方，發現一些「妙人妙思」。

　　這天，一名心理學教授來到瘋人院參觀，想要瞭解瘋子的生活狀態。一天下來，他發現這些人瘋瘋癲癲，行事出人意料，可算大開眼界。

　　想不到當教授準備回家時，卻發現自己的車胎被人偷走了。

　　「一定是哪個瘋子幹的！」教授一邊忿忿不平地想道，一邊動手拿出備胎準備裝上。

　　但在這時候，他發現了一個嚴重的問題。偷走車胎的人居然將四枚螺絲都取走了，沒有螺絲，光有備胎也裝不上不去啊！

　　這下子，教授真的一籌莫展了。正在他著急萬分的時候，一個瘋子蹦蹦跳跳地走過來，嘴裡還哼著不知名的調子。他發現了陷入困境中的教授，於是停下來問發生了什麼事。

　　教授原本懶得理他，但瘋子一臉很有興趣的樣子，教授出於禮貌，還是告訴他事情的始末。

　　這瘋子聽了，立刻哈哈大笑地說：「我有辦法！」

　　只見他從沒有被偷走的其他三個車胎上面，各拆下一枚螺絲，用這三顆螺絲順利將備胎裝了上去。

　　教授驚異、感激之餘，心裡十分好奇，不禁問道：「請問，你是怎麼想到這個辦法的？」

　　瘋子嘻嘻哈哈地笑道：「我是瘋子，但我可不是呆子啊！」

　　好一句「我是瘋子，我可不是呆子」，相信這位教授從此以後，一定會徹底改變自己對於人的看法了。

　　認為自己最聰明優秀，覺得他人想法永遠一無是處的人，事實上卻是最不具智慧的人。

　　因為，無法察覺別人的「新穎獨到」，正表示他對於人類的智慧與才能，不具有很好的分辨能力。

　　其實，如果我們能用一顆謙虛、開放的心靈，用心發掘他人的好，以及他人的聰明智慧，虛心向他人學習，不也能讓自己的智慧在無形中獲得新的進步，永遠不乾涸嗎？

把握現在，未來才不會失敗

如果我們能越早懂得「珍惜現在」，將來就越
不會面臨後悔莫及的時刻。

法國名將拿破崙曾經提醒我們說：「你遭遇的災難，是你某
一段時間疏忽或懶惰的報應。」

前因會造成後果，很多事情不是不報，只是時候未到罷了。
同樣的道理，我們今天所做的任何決定、任何行為，也會深深影
響到我們的未來。

有個富家子弟特別愛吃餃子，每天都要吃，但嘴又特別刁，
只愛吃餡，兩頭的麵尖，就都丟到後面的小河裡去。

好景不常，在他十六歲那年，一把火燒了他家，父母急怒中
相繼病逝。這下他身無分文，又不好意思要飯，眼見生活就要遭
遇到困境了。

幸運的是，鄰居家的大嬸人很好，見他這樣便收留了他，不
但如此，還每餐送給他一碗麵糊吃。

落魄的富家子弟受此刺激，從此發奮讀書，三年後上京趕考，
終於考取官位回來。

待他衣錦榮鄉，第一件事就是跑到鄰居家去，感謝鄰居大嬸

的恩情。他對大嬸說：「我能有今天，都是靠妳的幫忙，是妳每天給我一碗麵糊，才讓我還有能力讀書！」

「不必客氣，」這位大嬸對已經成為大官的富家子弟說：「你不必感謝我。其實，我沒有給你什麼，那些都是當年你丟的餃子皮尖，我只是把它收集起來曬乾，總共有好幾麻袋。本來是想以備不時之需用的。正好你有需要，就又還給你了。」

大官聽了，頓時啞口無言。

今日你所捨棄的，明日可能要花上五倍、十倍的精力去追求，還未必能夠得到；今天你覺得不屑一顧的，明天卻可能把它看得比什麼都重要。

很多時候，我們認為自己清楚一件事物、一個人對自我的價值，但事實上，這種理解並不全然絕對。同樣的麵尖，在富家子弟吃香喝辣的日子裡，跟廢物沒有什麼差別；可是在他落難江湖的時候，卻成了維繫生命與希望的重要食糧。

早知如此，何必當初？然而，不經過一番時空的轉換與物是人非的改變，絕大多數的人，還是沒有辦法切身體會到這個道理。

如果我們能越早懂得「珍惜現在」，將來就越不會面臨後悔莫及的時刻。

太多慾望只會帶來痛苦

知足常樂，日子也會過得滿足踏實。我們又何必
為了追求可有可無的慾望，讓自己誤入歧途呢？

《伊索寓言》的作者伊索，曾經說過這樣一段話：「有些人
因為貪婪，想得到更多的東西，卻把現在所擁有的也失掉了。」

人心不足的結果，往往把好事變壞事，最後賠了夫人又折兵。
這個道理很簡單，但卻是許多人都會犯下的錯誤。

或許有人認為，這怎麼可能呢？人都是為了「得到」而精打
細算，誰會那麼笨，算來算去，卻讓自己吃了虧？

別懷疑，世上還真的有這種事！

從前，有兩個教徒相約一起出發到聖地去朝聖，路上彼此可
以作伴。

不料在半路上，這兩個教徒遇見一位聖人，聖人對他們說：
「看你們這麼虔誠地想要朝聖，這樣吧，我讓你們兩人許願，第
一個許願者可以馬上得到禮物，而第二個可以得到雙倍的禮物。」

這兩個教徒聽了，便開始互相推讓，不停爭著：「你先許！」
「不，你先！」「唉呀，還是你先許願……」

因為他們都想當拿雙倍禮物的那個人，誰也不想吃虧，先把

願望說出來。

就這樣僵持許久，兩人的怒氣都來了，其中一個忿忿不平地想，我得不到，你也別想要！於是便喊了一句：「聖人啊，讓我瞎一隻眼吧！」

頓時，他的願望得償，而另一個教徒的兩隻眼睛都瞎了。

犧牲自己的一隻眼，換來另一個人的全盲，對自己有什麼好處呢？但在焦急惱怒之下，再加上利欲薰心的催化，卻足以讓人做出悔不當初的決定。

如果時間可以重來，相信這兩人應該寧願從沒有遇見那位能夠讓他們一生衣食無缺的「聖人」，好換回自己的眼睛吧！

每個人看到別人手上有「好東西」的時候，都會心存「我也想要」的念頭。甚至，還會希望自己要的比對方好、比對方多。

這是人的天性使然，但也正是因為對「貪念」的不知節制，讓許多人一念之差，犯下難以彌補的錯誤。

總而言之，知足常樂，日子也會過得滿足踏實。我們又何必為了追求可有可無的慾望，讓自己誤入歧途呢？

自信就是坦然面對自己的缺陷

自嘲不是示弱的表現，而是一門「對自我缺陷坦然」的藝術，可以讓你以更自信、更客觀寬容的角度面對自己與他人。

西方有句諺語是這樣說的：「幽默來自智慧，而惡語則來自無能。」

然而，即使我們應該都同意這句話，但卻有許多人分不清楚什麼是幽默，什麼又是惡語。幽默與惡語之間最大的區別，就是惡語者損別人，幽默者笑自己。

在一個盛大的聯誼晚會上，酷男靚女們打扮得漂漂亮亮，每個人都想要在舞池中與心儀的異性相擁，一同翩翩起舞。

與會的女性們一個個坐在舞池邊，等待男士的邀請。很快地，穿著美麗禮服的女生紛紛被邀進舞池，舞會的氣氛即將到達最高點。此時，一個個頭偏矮的男子，前來邀請一位高挑的女孩跳舞，只見他行了一個禮，開口說道：「小姐，不知道我是否有這個榮幸與妳跳一支舞？」

不料女孩卻眉毛一揚，輕蔑地回答：「我從不跟比我矮的男人跳舞。」

男子聽了以後並不生氣，只是微微一笑說：「是嗎？那我真

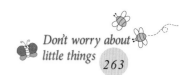

是武大郎開店，找錯幫手了。」

　　這時候，旁邊一位女孩立刻站起來，對那位男士說：「請讓我跟你跳舞吧！我很欣賞你這樣的人。」

　　一旁的人全都拍起了手，於是，兩人緩緩走向舞池跳起舞來，留下高挑的女孩待在原處，一句話都說不出來。

　　幽默能讓人莞爾，在眞正的幽默中，我們能夠感受到智慧與修養。惡語則相反，因為它本來就只是一種惡意，從惡語之中，我們無法會心一笑，也無法得到啓發，只是單純負面情緒的施放與累積。

　　一個總是取笑他人、拿他人的不足與欠缺來開玩笑的人，格調與精神高度，絕對無法與能夠幽默自嘲的人相比。惡語者不提自己的缺點，卻一直攻擊別人，正好就是他對於自己的缺陷難以釋懷的最佳證明。

　　故事裡矮個子的男生雖然沒有傲人的身高，卻擁有傲人的精神高度。這樣的人即使不是十全十美，卻能夠擁有健康滿意的生命與人生感受。

　　要知道，自嘲不是示弱的表現，而是一門「對自我缺陷坦然」的藝術，可以讓你以更自信、更客觀寬容的角度面對自己與他人，這一點，對於每個人來說都是非常重要的。

用心就能改變自己

只要肯用心，「記性不好」就不會是阻撓自己
的藉口。端看你願不願意花心力找出解決的方
法，如此而已。

不知道你可曾聽過這麼一句話：「上天賜給人們最好的禮物，
不是『記得』，而是『遺忘』。」

的確，如果我們從出生到長大，什麼大大小小的事情都牢記
在心，那麼，正值青春的雙十年華時，心理上或許就已有很大的
負擔，等到了三十、四十、五十歲，心裡的苦悶、經歷過的離別
與失去，還有眾多難以忘懷的痛苦，恐怕就已經把我們折磨得不
成人形了。

因此，可以說「遺忘」的確是人類最好的「天賦」之一。

但相反的，若是一個人的記性太差，情況又會變得如何呢？

有個人從小就丟三忘四，總管不好自己的鑰匙，每次不是把
辦公室鑰匙搞丟，就是把自己反鎖在辦公室裡。他的辦公室號碼
是三〇一，某日，他突發奇想：「如果我在別的房間放也一把鑰
匙，問題不就解決了嗎？」

於是，他便在隔壁房間放了一把三〇一的鑰匙。

某天，他又找不到鑰匙了，這人想起三〇二還有一把備用，

於是打算過去拿，不巧的是，三○二卻沒有人！這下子，他又再次被關在門外了。終於，這人下定決心，非得想個辦法解決自己的健忘不可！

從此以後，他就在三○三、三○四、三○五各放了一把鑰匙，但還是常常把自己的鑰匙弄丟。最後，三○一辦公室變成只有他一個人進不去，其他人卻來去自如。

這位老兄可說是弄巧成拙，搞到最後只有自己進不去自己的辦公室，那麼那副鎖到底還有什麼意義呢？如此看來，「遺忘」對他而言，也許反而是相當大的致命傷了。不過，事情會變成這步田地，實在怪不得別人，明知自己記性不好，卻不想辦法彌補，這才是他最不應該的地方。

怕把鑰匙忘在其他地方，那麼就多打幾份，繫在自己每一個帶出門的公事包裡，或是掛在脖子上。聰明如你，或許還可以想出第三種、第四種，甚至更多方法。

關鍵在於，老是把同一支鑰匙弄丟，第一個要怪罪的恐怕不是「記憶力」，而是「不用心」！

只要肯用心，「記性不好」就不會也不應該是阻撓自己的藉口。即便人腦有限，但只要一本小筆記本，就可以幫上很多忙，端看你願不願意花心力找出解決的方法，如此而已。

健忘不是病，健忘而不用心，這才是沒有辦法醫的宿疾！

別讓慾望拖著你走

不妨好好檢視自己的各種慾求，究竟有什麼是真正需要的？我們的能力有多少？能掌握住的又有多少？

有句諺語是這麼說的：「吃了豬肝想豬心，得了白銀想黃金。」它所敘述的，其實就是人的通病：貪心。

所謂：「魚見食而不見鉤，人見利而不見害。」因為貪心，我們就像看到釣餌的魚一樣，拼命地往甜美的肥蟲游去，卻不知道在那後面，隱藏著什麼樣的危險和陷阱！

有一人想找塊地來耕作，便跑去跟地主商量。

地主說：「我今天心情好，就讓我發個慈悲吧！明天清早你從這裡往外跑，跑一段就插一面小小的旗竿，只要你在太陽下山前可以趕得回來，旗竿圍住的地都歸你。」

於是，隔天早上，這人帶了許許多多的小旗竿，開始跑了起來。不到半個小時，他就已經將自己原本想要的耕地距離跑到了。插下一面旗子後，他心裡想：「這麼簡單就可以得到原本朝思暮想的地，怎麼能放過這個大好機會呢？」

於是，他又繼續向前跑去。看到一面湖，他插下旗子；看到一棵大樹，他插下旗子；看到一塊良田，他又插下旗子。一想到

自己得到這麼大一塊地之後，會變成多麼富裕的人，他的腳步就沒有辦法停下來。

他一直向前跑，太陽偏西了還不知足，等到發現日頭將落之時才開始慌張，要是沒有在日落前跑回出發點，那這一切不就付諸東流了嗎？於是，他轉身死命地狂奔。

終於，太陽下山前他跑了回來，但已筋疲力盡，摔了一跤倒在地上後，就再也沒有起來。有位好心人不忍見他如此，就地挖了個坑把他埋了，還請了牧師為他主持葬禮。

牧師在為他祈禱時，忍不住指著埋著這個人的土地，幽幽地說：「一個人需要多少地呢？這麼大不就夠了嗎？」

是呀，一個人能佔得多大的土地？何必爭呢？但貪慾總是蒙蔽我們的雙眼，讓我們什麼都看不見。

你或許會說，埋下去時這麼大，但在世時需要的可不僅僅是這些！可是，這麼說的同時，我們也得反問，那要多少才夠？五十坪？一百坪？一個國家，還是要整個世界？

我們不能毫無限制地膨脹自己的慾望，否則將永遠無法得到滿足，最後只會像故事中那個只知道一味向前奔跑的人，光顧著跑，卻來不及思考自己要這些做什麼。

國外有句諺語說：「不想浪費，就不要貪心。」這句話，或許能夠給我們一個解答的方向。

不妨好好檢視自己的各種慾求，究竟有什麼是真正需要的？我們的能力有多少？能掌握住的又有多少？

要知道，一個人的能力、時間都是很有限的，若是任憑慾望無窮盡地滋長，那麼終將會為自己帶來不幸。

選擇正確，人生才不會後悔

> 許多事都一樣，每個人都有自己的選擇，這些
> 選擇也沒有對錯可言，不論哪一種，只要自己
> 不後悔就好。

西方有句諺語是這樣說的：「生活就像波濤上的一葉扁舟，搖搖晃晃，又像山中的一條小路，忽上忽下。」

我們的生活裡，的確充滿了這樣的趣味。

或許，當我們身在其中的時候，難以看清生活與命運的全貌，但要是能退一步再看，那麼，很多事就會變得清晰許多。

有一隻狐狸在路上覓食，不知不覺走進人類的果園。看見園子裡掛著串串成熟的葡萄，狐狸的口水忍不住流了下來，但是，圍住園子的閘欄間隙實在太小，狐狸身體怎樣都鑽不進去。

這隻狐狸靈機一動，心想：「我是因為太胖才進不去，不如就在外面捱餓，讓自己瘦下來，那就進得去了！」

想出這個「好辦法」之後，狐狸果真忍住飢餓不吃不喝，就這樣看著園裡的葡萄餓了三天之後，終於讓牠成功鑽了進去。

眼前滿滿的葡萄，讓狐狸痛痛快快飽餐了一頓，「餓了三天，總算值得了！」狐狸得意地想著。

正當牠心滿意足填飽了肚子，打算回去的時候，卻發現了一

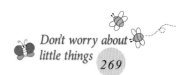

件糟糕的事：因爲吃得太多，結果無法從那個間隙鑽回去了！

　　無奈之下，狐狸只好又餓了三天才鑽出來，但成功逃脫的牠甚至比進到果園之前還更飢餓。

　　繞了一大圈、做了許多努力，成功過、失敗過，忍耐過、享受過，這隻狐狸終於回到本來的路上，但還是那樣又餓又瘦！

　　如果是你，願不願意也來這麼一次「天堂與地獄之旅」？或是你寧願在外面慢慢晃蕩，做隻不要餓死也不要飽死的狐狸？

　　有些人認爲，既然如此，那何必折騰半天呢？

　　有些人則寧願選擇跟狐狸一樣，至少曾經在葡萄園裡吃得飽飽的，也爲此奮鬥過，這段過程就夠讓自己回味無窮了。總之做過，試過，也體驗過，至於它究竟怎樣改變了自己，是否從此扭轉一生，也都已經不重要了。

　　其實，人生許多事也是一樣，每個人都有自己的選擇，每個人的選擇也沒有所謂的對或錯，不論你選擇哪一種方式，只要自己不後悔，那就好。

懂得付出，人生才有意義

一個人如果一輩子只知道為自己努力付出，那麼
不論他多有能力才幹，終究不會感到「滿足」。

什麼樣的人才是有能力的人？

英國文學名家狄更斯曾經說過這樣一句發人深省的話：「世界上能為別人減輕負擔的，都不是庸庸碌碌之徒。」

這就是他對於「有能力的人」的定義。

五歲的漢克和爸爸、媽媽、哥哥一起到森林工作，工作到一半卻突然下起雨來，可是四個人，總共只帶了一件雨衣。

走在最後面的爸爸將雨衣向前傳給媽媽，媽媽收下之後，又轉交給旁邊的哥哥。眼看雨勢似乎沒有停歇的跡象，哥哥想了一想，又將雨衣給了漢克。

看到家人的行動，小小的漢克心裡有了懷疑。於是，他走到最後面的爸爸跟前，問道：「為什麼這件雨衣，爸爸給了媽媽，媽媽給了哥哥，哥哥又給了我呢？」

爸爸回答道：「因為爸爸比媽媽強大，媽媽比哥哥強大，哥哥又比你強大呀。在我們心裡，都會想要保護比較弱小的人。」

漢克聽了，向左右看了看，最後跑到路旁將雨衣撐開來，擋

住一朵在風雨中飄搖的嬌弱小花上頭。

　　許多人一生努力，汲汲營營，多半是為了讓自己好過。想想，我們整天想著要加強自己、充實自己，目的何在？從小到大，老師跟長輩都告訴我們，要做個有用的人、要發揮自己的才能，這又是為什麼？

　　你是否想過，到頭來，我們究竟把這些能力用在哪裡了？

　　這個故事告訴我們，真正「有能力」的，不一定是有錢有勢、富有聲望的人，「能力」的定義在於，一個人的存在對別人有多大的幫助。

　　只要能夠發揮所長，為他人減輕負擔，那麼這個人就符合狄更斯所說的「不是庸庸碌碌之徒」。

　　已經習慣自私的人或許難以理解，但事實上，一個人如果一輩子只知道為自己努力付出，那麼不論他多有能力才幹，終究不會感到「滿足」。

生活講義

161

別為小事鬱悶全集

作　　者　凌　越
社　　長　陳維都
藝術總監　黃聖文
編輯總監　王　凌
出 版 者　普天出版社
　　　　　新北市汐止區康寧街 169 巷 25 號 6 樓
　　　　　TEL / (02) 26921935 (代表號)
　　　　　FAX / (02) 26959332
　　　　　E-mail：popular.press@msa.hinet.net
　　　　　http://www.popu.com.tw/
　　　　　郵政劃撥 19091443 陳維都帳戶
總 經 銷　旭昇圖書有限公司
　　　　　新北市中和區中山路二段 352 號 2F
　　　　　TEL / (02) 22451480 (代表號)
　　　　　FAX / (02) 22451479
　　　　　E-mail：s1686688@ms31.hinet.net
法律顧問　西華律師事務所・黃憲男律師
電腦排版　巨新電腦排版有限公司
印製裝訂　久裕印刷事業有限公司
出 版 日　2019 (民 108) 年 9 月第 1 版
I S B N◉978-986-389-666-1　　條碼 9789863896661
Copyright◎2019
Printed in Taiwan ,2019 All Rights Reserved

國家圖書館出版品預行編目資料

別為小事鬱悶全集／

凌越編著. —第 1 版. —：新北市, 普天

民 108.09 面；公分. - (生活講義；161)

ISBN◉978-986-389-666-1 (平裝)

CIP◎177.2